RENÉ GIRARD

Impresso no Brasil,
agosto de 2011

Título original:
Dostoïevski: Du Double
à l'Unité
Copyright © 2010 by
René Girard. Todos os
direitos reservados.

Os direitos desta edição
pertencem a
É Realizações Editora,
Livraria e Distrib. Ltda.
Caixa Postal: 45321
cep: 04010 970
São Paulo, SP, Brasil
Telefax: (5511) 5572 5363
e@erealizacoes.com.br
www.erealizacoes.com.br

Diagramação e finalização
Mauricio Nisi Gonçalves
André Cavalcante
Gimenez/Estúdio É

Pré-impressão e
impressão
Prol Editora Gráfica

Proibida toda e qualquer
reprodução desta edição
por qualquer meio ou
forma, seja ela eletrônica
ou mecânica, fotocópia,
gravação ou qualquer
outro meio de reprodução,
sem permissão expressa
do editor.

Editor
Edson Manoel de
Oliveira Filho

Coordenador da
Biblioteca René Girard
João Cezar de Castro
Rocha

Assistentes editoriais
Gabriela Trevisan
Veridiana Schwenck

Revisão
Marileide Pereira
Liliana Cruz

Design Gráfico
Alexandre Wollner
Alexandra Viude
Janeiro/Fevereiro 2011

RENÉ GIRARD

Dostoiévski: do duplo à unidade

René Girard

tradução Roberto Mallet

Realizações
Editora

Esta edição teve o apoio da Fundação Imitatio.

INTEGRATING THE HUMAN SCIENCES

Imitatio foi concebida como uma força para levar adiante os resultados das interpretações mais pertinentes de René Girard sobre o comportamento humano e a cultura.

Eis nossos objetivos:

Promover a investigação e a fecundidade da Teoria Mimética nas ciências sociais e nas áreas críticas do comportamento humano.

Dar apoio técnico à educação e ao desenvolvimento das gerações futuras de estudiosos da Teoria Mimética.

Promover a divulgação, a tradução e a publicação de trabalhos fundamentais que dialoguem com a Teoria Mimética.

A Martha

sumário

11
a dupla face da unidade
João Cezar de Castro Rocha

21
capítulo 1
descida aos infernos

39
capítulo 2
psicologia do subsolo

65
capítulo 3
metafísica do subsolo

103
capítulo 4
ressurreição

145
análise grafológica

149
opiniões

155
biografia cronológica de Dostoiévski

159
bibliografia analítica

163
breve explicação

165
cronologia de René Girard

169
bibliografia de René Girard

172
bibliografia selecionada sobre René Girard

180
índice analítico

182
índice onomástico

a dupla face da unidade
João Cezar de Castro Rocha[1]

Literatura e evidência

Dostoiévski: Do Duplo à Unidade, o segundo livro publicado por René Girard, foi escrito para a coleção "Em Busca do Absoluto" (La Recherche de l'Absolu) da Editora Plon, e veio à luz em 1963.[2] Neste instigante retrato psicológico e literário do autor russo, Girard aperfeiçoou o método inicialmente desenvolvido em *Mentira Romântica e Verdade Romanesca* (1961), além de prefigurar a imaginação apocalíptica, cuja consumação pode ser vista em *Achever Clausewitz* (2007), seu

---

[1] Professor de Literatura Comparada da Universidade do Estado do Rio de Janeiro (UERJ).

[2] Assim a Editora Plon definiu o projeto da coleção: "O propósito desta nova coleção não se resume a descrever mais uma vez a vida dos homens célebres, tampouco enriquecer com um novo título a bibliografia dos trabalhos de exegese consagrados a suas atividades ou obras. A coleção possui um objetivo muito diferente: traçar o 'psico-retrato' (*'psycho-portrait'*), restituir a aventura interior das grandes figuras humanas que, apesar de situadas por vezes sob céus espirituais alheios aos da cristandade, e até mesmo em paisagens vazias de qualquer divindade, nem por isso deixam de buscar apaixonadamente o Absoluto".

último grande livro.³ Compreenda-se, porém, o emprego girardiano do termo *apocalipse*: trata-se de recuperar a força de sua etimologia. Imaginação apocalíptica, nesse contexto, é uma aposta no poder da *revelação* relativa à centralidade da violência nas origens da cultura humana. Diante de tal evidência, uma pergunta ética se impõe: como manter sob controle a violência que necessariamente constitui o propriamente humano?

Aliás, a questão da busca da evidência incontestável, no tocante à origem da cultura, tal como formulada pela teoria mimética, atravessa a obra de René Girard. Não seria exagero referir-se a uma "angústia da evidência" tipicamente girardiana. Ou seja, como apresentar o acervo de evidências reunido pelo pensador francês de forma convincente ou mesmo irrefutável?⁴ No fundo, tal angústia nunca o abandonou e deve ser abordada a partir de uma perspectiva dupla.

Em primeiro lugar, tal questão relaciona-se ao dilema característico de toda teoria que se propõe a esclarecer a "origem", seja da humanidade, seja da religião ou da história. Ora, para tornar o problema ainda mais complexo, segundo o horizonte aberto pela teoria mimética, os três fatores se encontram sob a égide da intuição fundamental do pensamento girardiano: o desejo mimético. Portanto,

---

³ O autor francês, por exemplo, não hesita em considerar *Achever Clausewitz* "um livro apocalíptico". Este livro está publicado na Biblioteca René Girard com o título *Rematar Clausewitz: Além* Da Guerra (trad. Pedro Sette-Câmara).
⁴ No DVD que acompanha este livro, René Girard discute o problema na entrevista concedida a Daniel Lance.

nesse caso, devemos falar em *origens* a partir de um princípio comum.

Em outras palavras, assim como ocorreu com a hipótese de Charles Darwin sobre a evolução das espécies, toda tentativa de explicar a origem, isto é, o alfa mesmo ou princípio motor de um processo de longa duração, não pode naturalmente dispor de uma evidência, por assim dizer, direta. No caso da teoria darwinista, foi preciso esperar o desenvolvimento da genética moderna para confirmar certas formulações a ela associadas. Mencione-se, então, o livro fundamental de Theodosius Dobzhonsky, cujo título vale por todo um ensaio: *Genetics and the Origins of Species* (1937), livro que é considerado um dos mais importantes não apenas do século XX, mas da história da ciência.

(Talvez algo semelhante venha a suceder com a teoria mimética a partir do avanço da neurociência, a exemplo da descoberta dos assim chamados "neurônios-espelho", descritos em 1992. Pelo menos um de seus descobridores, Vittorio Gallese, já fez referências positivas à teoria mimética. Por enquanto, contudo, é muito cedo para esse tipo de especulação, embora tal analogia seja promissora.)

Em segundo lugar, a "angústia da evidência" ilumina, pelo avesso, a centralidade da literatura na formulação do pensamento girardiano, reforçando a importância de *Dostoiévski: Do Duplo à Unidade*.

Dada a impossibilidade de encontrar uma evidência "direta", o investigador precisa aprender a decodificar vestígios, numa antecipação do que mais tarde o historiador italiano Carlo Ginzburg denominaria "paradigma indiciário".[5] Ou, para trazer à baila uma inesperada afinidade eletiva, posso recordar as palavras de Oswald de Andrade: "Será preciso criar uma Errática, uma ciência do vestígio errático (...)".[6] Ou, ainda, rememore-se o trabalho de um antropólogo hoje quase esquecido, mas que pode vir a ser muito importante no desenvolvimento de uma epistemologia mimética: Arthur Maurice Hocart e sua valorização do potencial cognitivo da "evidência circunstancial".[7]

Por isso, na impossibilidade de aceder à evidência direta, o texto literário representou para René Girard a possibilidade de driblar esse obstáculo a partir da criação de um método comparativo próprio. Não surpreende, pois, que a análise cuidadosa de determinados autores tenha sido central para a descoberta do desejo mimético e suas consequências violentas. No caso da leitura cerrada da obra de Dostoiévski, Girard aperfeiçoou o método apresentado em *Mentira Romântica e Verdade Romanesca*.

---

[5] Carlo Ginzburg, "Sinais: Razões e um Paradigma Indiciário". In: *Mitos, Emblemas, Sinais: Morfologia e História*. São Paulo, Companhia das Letras, 1990, p. 143-79.
[6] Oswald de Andrade, *A Crise da Filosofia Messiânica*. In: *A Utopia Antropofágica*. 2. ed. São Paulo, Globo, 1995, p. 110.
[7] O antropólogo denominava a evidência indireta "evidência circunstancial". Para ele, esse tipo de evidência era a mais adequada para a fundação das ciências humanas, pois, em sua opinião, a evidência de tipo direto é sempre parcial e prejudicada pelo próprio caráter imediato de sua ocorrência. Tal teoria foi desenvolvida especialmente no primeiro capítulo, "Rules of Evidence", de *Kings and Councillors. An Essay in the Comparative Anatomy of Human Society*. Chicago & Londres, University of Chicago Press, 1970, p. 11-27. O livro foi publicado em 1936.

Um método próprio

Vale a pena, portanto, esboçar uma descrição inicial desse método.[8]

Girard desenvolve uma leitura concentrada da obra do autor de *Crime e Castigo*, compreendida como um sistema particular, composto por obsessões recorrentes, assim como articulado através de respostas distintas oferecidas à pergunta-chave – pergunta que busca dar conta da natureza mimética do desejo. Desse modo, Girard criou um complexo método comparativo, no qual o autor estudado é, por assim dizer, comparado consigo mesmo em momentos diferentes de sua obra.

Tal método estimula uma retomada pouco ortodoxa da questão biográfica – uma das mais importantes novidades do presente livro. Vale dizer, "não é com a biografia de Dostoiévski que explicaremos sua obra, mas talvez consigamos, graças à obra, tornar a biografia de Dostoiévski verdadeiramente inteligível".[9] Com base nas obsessões, isto é, nos temas recorrentes e nos procedimentos estruturadores da obra de determinado autor, Girard associa organicamente vida e literatura. Tudo se passa como se esta elaborasse as questões daquela e, por sua vez, a experiência fosse revista à luz da escrita. A seu modo, Iuri Tinianov já havia intuído essa possibilidade: "É interessante observar a importância da vida

---

[8] Na apresentação de *Conversão da Arte* aprofundarei essa descrição, assim como discutirei o emprego particular que René Girard faz dos termos *conversão*, *apocalipse* e *Satanás*.
[9] Ver capítulo 4, adiante, p. 106.

dos artistas nos períodos de crise, de revolução literária, quando a tendência literária dominante (...) cai por terra e se exaure, e a nova direção ainda não foi encontrada. Em tais períodos, a própria vida dos artistas se transforma em literatura, tomando o seu lugar".[10]

Antes de prosseguir, porém, é importante recordar a hipótese geral apresentada no primeiro livro de René Girard – aliás, uma dificuldade na leitura de *Dostoiévski: Do Duplo à Unidade* é que o autor parece partir do princípio de que o leitor domina duas categorias básicas, que exponho a seguir.

Recorde-se, pois, muito rapidamente, o modelo proposto em *Mentira Romântica e Verdade Romanesca*: o desejo humano não é autônomo, mas, pelo contrário, depende sempre da determinação do outro, ou seja, de um modelo adotado pelo sujeito como guia para a definição do seu próprio desejo. Em uma palavra: o desejo humano é sempre mimético, imitativo, social.

Na concepção girardiana, portanto, há dois tipos ideais de escritores.

Há romancistas que ocultam, consciente ou inconscientemente, a presença inelutável do mediador, colaborando assim para a *mentira romântica*, segundo a qual os sujeitos se relacionam *espontânea e diretamente*. Por seu

---

[10] Iuri Tinianov, "O Ritmo como Fator Construtivo do Verso" (1924). In: Luiz Costa Lima (org.), *Teoria da Literatura em suas Fontes*. Vol. I. Rio de Janeiro, Francisco Alves, 1983, p. 458. A passagem citada compõe a primeira nota do texto.

turno, há escritores que tornam a *necessária presença do mediador* o tema da obra, permitindo assim que se vislumbre a *verdade romanesca*, segundo a qual os sujeitos desejam através da *imitação de modelos*, embora muitas vezes, ou mesmo quase sempre, ignorem o mecanismo que ainda assim guia seus passos.

Logo, *mentira romântica* e *verdade romanesca* designam formas diametralmente opostas de lidar com a natureza mimética do desejo: enquanto aquela oculta o mimetismo mediante a supressão do mediador, esta reflete sobre o desejo mimético através do protagonismo concedido ao mediador ou às consequências violentas da mediação.

Nesse contexto, as palavras do autor adquirem força: "*Interpretação*, no sentido corrente, não é a palavra adequada para o que faço. Meu trabalho é mais básico. Leio pela primeira vez a letra de um texto jamais lido sobre muitos assuntos essenciais para a literatura dramática: desejo, conflito, violência, sacrifício".[11] A *verdade romanesca* do crítico, portanto, depende de sua habilidade em iluminar essa conjunção potencialmente explosiva.

Conjunção de fatores, aliás, que conduz da literatura à antropologia, da experiência estética à dimensão ética. No vocabulário girardiano, o cruzamento de vida e obra ajuda a entender o destaque concedido ao tema da *conversão*, considerado o princípio estruturador subjacente às obras-primas de Dostoiévski. Tal aspecto, segundo

---

[11] René Girard, *Shakespeare: Teatro da Inveja*. Trad. Pedro Sette-Câmara. São Paulo, Editora É, 2010, p. 45.

o autor de *A Violência e o Sagrado* (1972), assegura a superioridade da literatura do escritor russo. De fato, num imaginário cânone mimético, ele seria superado apenas por William Shakespeare.

O conceito de conversão exige um esclarecimento importante. No âmbito deste livro, e no da obra girardiana como um todo, tal conceito possui uma acepção própria e não se confunde necessariamente com o gesto religioso – embora essa associação, deve-se reconhecê-lo sem rodeios, seja incontornável para René Girard. Ora, no momento em que o sujeito se torna consciente da natureza mimética de seu próprio desejo, e não apenas do desejo numa formulação puramente abstrata, ele é levado a reconhecer que a *mentira romântica* deve ser substituída pela *verdade romanesca*. Esse reconhecimento epistemológico deve implicar uma atitude ética: na medida do possível, as rivalidades decorrentes do desejo mimético devem ser mantidas sob controle.

Compreende-se, assim, o título deste livro. Ele sugere a transição dos duplos miméticos – enredados em rivalidades que não podem senão produzir a escalada para os extremos – à unidade de uma consciência que progressivamente vislumbra o caráter mimético do desejo e seus desdobramentos agressivos. Nas suas palavras: "O duplo expulso, a unidade encontrada, é o anjo e a besta românticos que se desvanecem para dar lugar ao homem em sua integridade".[12] Esse processo paulatino de tomada

---

[12] Ver capítulo 4, adiante, p. 141.

de consciência equivale a uma forma de conversão ética, que pode coincidir com uma conversão religiosa – assim foi, por exemplo, o percurso intelectual e existencial do próprio pensador francês.

Diálogo como estrutura

Por fim, a presente edição de *Dostoiévski: Do Duplo à Unidade* encontra-se enriquecida por um DVD com entrevistas realizadas pelo escritor e cineasta francês Daniel Lance com o criador da teoria mimética, René Girard, e com dois dos mais importantes intérpretes do seu pensamento, James Alison e Mark Anspach.[13] O próprio Lance escreveu textos inspirados na teoria mimética, enfatizando uma área pouco explorada, qual seja, o desenvolvimento de uma filosofia pedagógica com base na intuição fundadora do desejo mimético.[14]

No caso da entrevista de René Girard, devo destacar duas questões de grande interesse.

---

[13] Na Biblioteca René Girard serão publicados títulos dos dois autores. De Mark Anspach, aparecerão *A Charge de Revanche: Figures Élémentaires de la Réciprocité*, Paris, Editions du Seuil, 2002; *René Girard. Les Cahiers de l'Herne* n. 89, Paris, L'Herne, 2008; *Oedipe Mimétique*, Paris, L'Herne, 2010. James Alison terá editado seu livro *The Joy of Being Wrong: An Essay in the Theology of Original Sin in the Light of the Mimetic Theory of René Girard*, Santiago de Chile, Instituto Pedro de Córdoba, 1994. Ver, também, do mesmo autor, *Fé Além do Ressentimento. Fragmentos Católicos em Voz Gay*, trad. Mauricio G. Righi, São Paulo, Editora É, 2010.
[14] Daniel Lance, *Vous Avez Dit Elèves Difficiles? Education, Autorité et Dialogue*. Paris, L'Harmattan, 2007. Este livro será publicado na Biblioteca René Girard.

De um lado, o pensador francês reconhece com lhaneza que provavelmente não obteve êxito na tarefa de apresentar de modo convincente, definitivo, as evidências relativas ao desejo mimético e suas consequências violentas. Trata-se do problema central que discuti nesta breve apresentação e que parece justificar o que se disse: eis um campo a ser explorado nos futuros estudos sobre a teoria mimética.

De outro lado, a simples inclusão do DVD auxilia a entender um elemento constitutivo da trajetória do pensamento girardiano: o caráter dialógico de sua reflexão. A primeira sistematização completa do conjunto da teoria mimética, *Coisas Ocultas desde a Fundação do Mundo* (1978), nasceu de uma série de conversas com Jean-Michel Oughourlian e Guy Lefort. De igual modo, seu último grande livro, *Renatar Clausewitz* (2007), resultou de um longo diálogo com Benoît Chantre.

Portanto, o livro e o DVD se complementam, permitindo que o leitor acompanhe cinco décadas do pensamento girardiano e de seus desdobramentos contemporâneos.

capítulo 1
descida aos infernos

Os críticos contemporâneos gostam de dizer que um escritor cria a si mesmo ao criar sua obra. A fórmula é eminentemente aplicável a Dostoiévski desde que não se confunda esse duplo processo criador com a aquisição de uma técnica, ou mesmo com a conquista da mestria.

Não se pode comparar a sucessão das obras com os exercícios que o intérprete de uma obra musical faz para aumentar, pouco a pouco, seu virtuosismo. O essencial está em outro lugar, e esse essencial só pode ser expresso, inicialmente, sob forma negativa. Criar-se, para Dostoiévski, significa matar o homem velho, prisioneiro das formas estéticas, psicológicas e espirituais que estreitam seu horizonte de homem e de escritor. A desordem, a deterioração interior, a cegueira mesma que refletem, em seu conjunto, as primeiras obras, oferecem um contraste surpreendente com a lucidez dos escritos posteriores a *Humilhados e Ofendidos*, e sobretudo com a visão genial e serena de *Os Irmãos Karamazov*.

Dostoiévski e sua obra são exemplares, não no sentido em que uma obra e uma existência sem falhas o seriam, mas em um sentido exatamente oposto. Quando vemos esse artista viver e escrever, aprendemos, talvez, que a paz da alma é a mais árdua de todas as conquistas e que o gênio não é um fenômeno natural. Da visão quase lendária do prisioneiro arrependido, devemos reter a ideia dessa dupla redenção, e nada mais, pois dez longos anos se passaram entre a Sibéria e a ruptura decisiva.

A partir de *Memórias do Subsolo*, Dostoiévski já não se contenta em "repetir suas experiências" e em justificar-se a seus próprios olhos, voltando sempre ao mesmo ponto de vista sobre os homens e sobre si mesmo. Ele exorciza, um a um, seus demônios, encarnando-os em sua obra romanesca. Quase todo livro marca então uma nova conversão, e esta impõe uma nova perspectiva sobre os problemas de sempre.

Além da diferença superficial dos assuntos, todas as obras se reduzem a uma só; é esta unidade que o leitor percebe quando reconhece, num primeiro olhar, independentemente da data em que foi escrito, um trecho de Dostoiévski; é esta unidade que tantos críticos procuram hoje descrever, dominar e delimitar. Mas reconhecer a singularidade absoluta do escritor admirado não basta. Além disso, é preciso encontrar as diferenças específicas de cada obra, signos de uma busca que atinge ou não um objetivo. Em Dostoiévski a busca do absoluto não é vã; iniciada na angústia, na dúvida e na mentira, termina na certeza e na alegria. Não é através de uma essência imóvel que se define o escritor, mas por esse itinerário exaltante que talvez seja a maior de suas obras-primas. Para encontrar suas etapas, é preciso opor as obras particulares umas às outras e destacar as "visões" sucessivas de Dostoiévski.

As obras geniais repousam sobre a destruição de um passado sempre mais essencial, sempre mais original, quer dizer, sobre o apelo, nessas obras, a lembranças sempre mais distantes na ordem cronológica. À medida que o horizonte do alpinista se amplia, o topo da montanha se aproxima. As primeiras obras não vão exigir mais que breves alusões às atitudes do escritor, ou a acontecimentos de sua vida mais ou menos contemporâneos à sua criação. Mas não podemos avançar através das obras-primas sem remontar ao mesmo tempo, por uma série de *flashbacks,* nada sistemáticos aliás, à adolescência e à infância do autor. Os leitores que não estão familiarizados com a biografia de Dostoiévski podem se reportar ao resumo cronológico apresentado nas últimas páginas deste livro.

A violência muito relativa que exerceremos sobre as primeiras obras, a fim de extrair-lhes os temas obsessivos, encontrará sua justificação não em alguma "chave" psicanalítica ou sociológica, mas na lucidez superior das obras-primas. É o próprio escritor, em última análise, que nos fornecerá o ponto de partida, a orientação e mesmo os instrumentos de nossa investigação.

A estreia de Fiódor Mikháilovitch Dostoiévski na vida literária foi fulgurante. Bielínski, o mais influente crítico da época, declarou que *Gente Pobre* era uma obra-prima e fez de seu autor, em poucos dias, um escritor da moda. Bielínski postulava com todas as forças o que hoje chamaríamos de uma literatura engajada e viu na humilde resignação do herói, Macar Diévushkin, uma acusação contra a ordem social, muito mais implacável por não ser diretamente formulada.

Macar é um pequeno funcionário pobre e envelhecido. A única luz em sua existência acinzentada e humilhada vem de uma jovem, Várienka, que ele evita frequentar, por medo da maledicência, mas com quem troca uma correspondência tocante. A "mãezinha", infelizmente não é menos miserável que seu tímido protetor; aceita esposar um proprietário jovem e rico, porém grosseiro, brutal, tirânico. Macar não se lamenta, não protesta, não tem o menor movimento de revolta; participa nos preparativos das núpcias, procura febrilmente ser útil. Sentimos que não recuaria perante nenhuma abjeção para conservar seu modesto lugar à sombra de sua querida Várienka.

Um pouco mais tarde, Dostoiévski escreve *O Duplo*, obra que se inspira, bem de perto às vezes, em certos duplos românticos e sobretudo no *Nariz* de Gógol, mas que está muito acima, entretanto, de tudo o que publicará o autor até *Memórias do Subsolo*. O herói, Goliádkin, vê surgir a seu lado, depois de algumas desventuras tão derrisórias quanto humilhantes, seu duplo, Goliádkin *júnior*, fisicamente parecido com ele, funcionário como ele e ocupando, na mesma repartição, o mesmo cargo que ele. O duplo trata Goliádkin *sênior* com uma desenvoltura insolente e busca impedir todos os projetos administrativos e amorosos que este concebe. As aparições do duplo se multiplicam, bem como os fracassos mais grotescos, até a entrada de Goliádkin em um asilo de alienados.

O humor ácido de *O Duplo* é o antípoda do patético um pouco adocicado de *Gente Pobre*, mas os pontos comuns entre as duas narrativas são mais numerosos do que parece à primeira vista. Macar Diévushkin, como Goliádkin, sente-se invariavelmente martirizado por seus colegas de escritório: "Saiba que o que me mata, escreve a Várienka, não é o dinheiro, mas todas aflições da vida, todos esses cochichos, esses sorrisos ligeiros, esses pequenos propósitos espinhosos".

Goliádkin não fala de outra forma: o surgimento do duplo somente polariza e concretiza seus sentimentos de perseguição, que permanecem difusos e sem objeto definido em seu predecessor.

Goliádkin, às vezes, acha possível fazer as pazes com seu duplo; o entusiasmo, nesses momentos, inflama-o; imagina a existência que levaria se o espírito de intriga e a sagacidade desse ser maléfico estivessem a seu serviço, em vez de serem mobilizados contra ele. Pensa em fundir-se com seu duplo, em tornar-se *um* com ele, em reencontrar, em suma, sua unidade perdida. Ora, o duplo é para Goliádkin o que é, para Macar Diévushkin, o futuro marido de Várienka: o rival, o inimigo. Cabe então perguntar se "a humilde resignação" de Macar, a extraordinária passividade que mostra perante seu rival e o lamentável esforço para desempenhar um ínfimo papel no casamento da bem-amada, a uma longa distância do marido, não vêm de uma aberração semelhante à de Goliádkin. Macar, é verdade, tem mil razões objetivas para fugir da batalha com um rival bem melhor municiado que ele; tem mil razões, em outros termos, para estar obcecado pelo fracasso e é dessa obsessão, precisamente, que sofre Goliádkin. Esse tema do duplo está presente, sob as formas mais diversas, e por vezes as mais ocultas, em todas as obras de Dostoiévski. Seus prolongamentos são tão numerosos e tão ramificados que só nos aparecem paulatinamente.

A orientação "psicológica" que se afirma em *O Duplo* não agrada a Bielínski. Dostoiévski não renuncia a suas obsessões, porém se esforça por exprimi-las em suas obras com uma forma e um estilo diferentes. *A Senhoria* é uma tentativa bastante infeliz, mas significativa, de frenesi romântico. Ordinov, um sonhador melancólico e solitário, aluga um quarto de um casal bizarro formado por uma bela jovem e um velho enigmático chamado Múrin, que exerce sobre ela um poder oculto. Ordinov apaixona-se pela "senhoria"; esta declara que o ama "como uma irmã, mais que uma irmã", e acaba propondo-lhe entrar para o círculo encantado de suas relações com Múrin. A "senhoria" deseja que seus dois amantes tornem-se um só. Ordinov tenta em vão matar seu rival; o olhar de Múrin faz com que a arma lhe caia das mãos. A ideia da "fusão" dos dois heróis e a do fascínio exercido por Múrin ligam-se diretamente aos temas das obras precedentes.

Em *Um Coração Fraco*, novamente estamos no universo dos pequenos funcionários. A história é a mesma de *O Duplo*, mas vista de fora, por um observador que não partilha das alucinações do herói. Este parece ter tudo para ser feliz, sua noiva é encantadora, seu amigo é devotado, seus superiores são bondosos. Nem por isso deixa de ficar paralisado pela possibilidade do fracasso e, como Goliádkin, mergulhar pouco a pouco na loucura.

Em certo momento, o "coração fraco" apresenta sua noiva ao amigo, que logo declara estar apaixonadíssimo por ela. Fiel demais para concorrer com seu colega, pede-lhe apenas um pequeno lugar em seu consórcio: "Amo-a tanto quanto você; ela será meu anjo da guarda, como é o seu, pois a sua felicidade vai se refletir em mim e aquecerá também a mim. Que ela me dirija, como dirigirá a você. De agora em diante minha amizade por você e minha amizade por ela serão uma coisa só... Verá como protegerei vocês e como cuidarei dos dois". A jovem acolhe com entusiasmo a ideia desse *ménage à trois* e exclama alegremente: *Nós três seremos como um só.*

O herói de *Noites Brancas*, como o de *A Senhoria*, é um "sonhador" que passa em longas caminhadas as noites crepusculares do verão de São Petersburgo. Durante um desses passeios conhece uma jovem não menos romântica que ele, verdadeira Emma Bovary russa, que tinha passado sua adolescência grudada à saia da avó. Ele apaixona-se por ela mas não lhe diz nada, pois Nastenska aguarda, a qualquer momento, o retorno de um jovem que prometera desposar. Ela aliás não tem nenhuma certeza de amar esse noivo. Pergunta-se se a influência da avó não é um pouco responsável por essa paixão juvenil. Durante certas confidências equívocas, acusa seu companheiro de indiferença e propõe-lhe amizade em termos que lembram a "senhoria" ou a noiva do "coração fraco": "Quando eu me casar, continuaremos amigos, seremos como dois irmãos, ou mais que isso. Amarei você quase tanto quanto a ele". O herói acaba declarando seu amor, mas, longe de levar vantagem diante da jovem, faz tudo, como Macar Diévushkin, para assegurar o sucesso de seu rival. Faz com que as cartas de Nastenska cheguem até ele; arranja um encontro com ele, no qual acompanha sua amiga. Está presente, portanto, *voyeur* fascinado, quando os dois jovens reencontram-se e caem nos braços um do outro. Toda a conduta desse herói é descrita em termos de generosidade, de devoção, de espírito de sacrifício. Nastenska afasta-se para sempre, mas envia ao infeliz uma carta em que exprime, uma vez mais, o que poderíamos chamar de "o sonho da vida a três". "Ainda nos veremos", escreve ela, "virá à nossa casa, nunca nos deixará. Será para sempre nosso amigo, meu irmão".

Sabemos que o jovem Dostoiévski ficava paralisado pelas mulheres a ponto de ter desmaiado no dia em que uma beldade de São Petersburgo conhecidíssima foi-lhe apresentada em uma festa. Mas não sabemos nada, ou quase nada, sobre uma vida sentimental que, em razão dessa paralisia, se reduzia talvez a muito pouco. Estamos bem informados, em compensação, sobre as relações entre Dostoiévski e Mária Dmítrievna Issáieva, sua futura esposa, durante o período que precede seu casamento.

Em 1854, Dostoiévski tinha acabado de sair da prisão; não estava quites ainda com a justiça do czar; tinha que se engajar em um regimento siberiano e servir, primeiro como soldado raso, depois, a partir de 1856, como oficial subalterno. Aquartelado em Semipalátinsk, torna-se amigo do casal Issáiev; o marido, homem inteligente mas azedo, embriagava-se. Sua mulher, Mária Dmítrievna, tinha trinta anos e falava muito de seus antepassados, aristocratas franceses emigrados durante a Revolução. Vista de perto, Semipalátinsk era ainda menos romanesca que Yonville-l'Abbaye. Funcionários ávidos, soldados brutais e aventureiros de todo tipo formigavam na lama ou na poeira, conforme a estação do ano. Mária Dmítrievna inspira imediatamente a Dostoiévski os sentimentos que, em seu lugar, qualquer um de seus heróis teria: *Apaixonei-me logo pela mulher de meu melhor amigo.* Conhecemos o resto pelas cartas de Fiódor Mikháilovitch a um jovem magistrado, o aristocrata Wrangel, que fez tudo o que pôde para suavizar a existência do escritor durante os anos de serviço militar.

Logo depois, morre Issáiev. Fiódor Mikháilovitch pede Mária Dmítrievna em casamento; ela não recusa. A viúva vivia então em Kuznetzk, vila ainda mais isolada que Semipalátinsk, verdadeira Dodge City siberiana onde o papel de xerife era desempenhado pela polícia secreta, e o dos índios pelos piratas quirguizes.[1] Dostoiévski, naturalmente, passava todas suas folgas em Kuznetzk e foi durante uma dessas viagens que se deu a tragédia. "Estive com ela", escreve a Wrangel. "Que alma nobre e angélica. Ela chorou, beijou-me as mãos, mas ama outro." O *Outro* chama-se Nikolai Vergunov; é jovem e belo. Fiódor Mikháilovitch é feio; tem trinta e cinco anos e acaba de sair da prisão. Tal como a heroína de *Noites Brancas*, Mária Dmítrievna hesita; declara-se apaixonada por Vergunov, porém faz confidências a Dostoiévski e encoraja-o a visitá-la de novo.

Vergunov é professor; ganha pouco. Se Mária Dmítrievna desposá-lo, enterrar-se-á para sempre na estepe, com uma fileira de filhos e um marido muito jovem que acabará por

---

[1] Referência ao clássico western *Dodge City* (1939), dirigido por Michael Curtiz, com base na história de Robert Buckner. O filme foi estrelado por Errol Flynn e Olivia de Havilland. (N. T.)

abandoná-la. Este é o sombrio quadro que Dostoiévski pinta para a viúva em suas cartas. Fala também de seu brilhante futuro de escritor, da fortuna que o espera quando obtiver permissão para publicar... Contudo, logo Dostoiévski renuncia a essa linguagem; não quer obrigar a orgulhosa Mária Dmítrievna a defender seu Vergunov; é preciso "não dar a impressão", escreve ele, "de estar trabalhando para si mesmo". Levando ao extremo a lógica desse raciocínio, adota a conduta de seus próprios heróis; torna-se advogado e auxiliar de seu rival junto à jovem; promete intervir e de fato intervém em seu favor junto a Wrangel. Nas cartas dessa época, sua letra, geralmente muito clara, torna-se às vezes totalmente ilegível. O nome do professor escande sua prosa delirante como uma espécie de refrão: "E, sobretudo, não esqueça Vergunov, por Deus..."

Se o escritor às vezes justifica sua conduta por razões táticas, não hesita, com frequência, em atribuir-se o melhor papel; admira a própria grandeza de alma; fala de si mesmo como falaria de um herói de Schiller ou de Jean-Jacques Rousseau. Experimenta por Vergunov uma "simpatia desinteressada" e "piedade" por Mária Dmítrievna. Toda essa "magnanimidade" revela-se lucrativa:

> Tive piedade dela, e ela voltou-se para mim – foi de mim que teve piedade.
> Se você soubesse o anjo que ela é, meu amigo. Jamais a conheceu; a cada instante, algo de original, de sensato, de espiritual, mas também de paradoxal, de infinitamente bom, de verdadeiramente cavalheiresco – um cavalheiro em vestes de mulher; ela vai se perder.

Acontecem, com efeito, em Kuznetzk, verdadeiros excessos de cavalheirismo. Os dois homens acabam se encontrando; prometem-se "amizade e fraternidade"; caem nos braços um do outro chorando. Vergunov chora muito; Dostoiévski escreve um dia a Wrangel que só sabia chorar. Entre duas desavenças, Dostoiévski escreve cartas febris a fim de obter um aumento de salário para o rival: "Lembre-se, neste verão, escrevi para você em favor de Vergunov; *ele o merece*". Dominique Arban definiu perfeitamente o sentido de toda essa conduta: "Para ser um terceiro, pelo menos, nessa união que não seria a sua, resolve que Vergunov tinha que dever somente a ele, Dostoiévski, seu êxito material".

Dostoiévski embriaga-se de retórica romântica; felicita-se por sua vitória heroica sobre o "egoísmo das paixões". Fala da santidade do seu amor. Mas nem sempre consegue ocultar os aspectos mórbidos da sua aventura. "Tenho estado esse tempo todo como um louco, no sentido exato do termo... Minha alma não cicatriza nem cicatrizará jamais." Em outra carta a Wrangel, escreve:

> Amo-a até a loucura... Sei que várias vezes agi desatinadamente em minhas relações com ela, que quase não há esperança para mim – mas que haja, ou que não haja esperança, pouco importa. Não posso pensar em mais nada. Vê-la somente, somente ouvi-la... Sou um pobre louco... Um amor dessa espécie é uma doença.

A paixão de Dostoiévski, exasperada pelo entusiasmo de Mária Dmítrievna por Vergunov, começará a diminuir quando esse entusiasmo enfraquecer. O casamento torna-se então inevitável e, mais do que nunca em suas cartas a Wrangel, Dostoiévski fala de sacrifício, de nobreza e de ideal. Aparentemente, nada mudou; o desejo permanece o mesmo, mas a situação transformou-se radicalmente. A retórica servia, antes, para justificar uma atração irresistível; agora, ela precisa sustentar uma vontade vacilante:

> Que canalha eu seria, pensa então, se para viver num sofá, confortável e sem preocupações, renunciasse à felicidade de ter como esposa o ser que me é mais caro no mundo, renunciasse à esperança de realizar a sua felicidade, e passasse ao lado de suas misérias, de seus sofrimentos, de suas inquietudes, de sua fraqueza, se a esquecesse, se a abandonasse, somente por causa de algumas preocupações, que talvez um dia desarranjarão minha preciosíssima existência.

Dostoiévski era um homem corajoso. Suas obsessões não lhe tinham destruído a vontade, tampouco o senso de responsabilidade. Casa-se com Mária Dmítrievna, e Vergunov foi testemunha. De saída, já foi um desastre. O recém-casado teve uma crise de epilepsia e caiu no chão do carro que conduzia ele e sua mulher a Semipalátinsk. Mária Dmítrievna cai doente, aterrorizada; chegando à cidade, precisava preparar-se para uma revista militar. A vida comum começou com brigas, preocupações financeiras, dificuldade em encontrar apartamento; mas o pior mal, jamais formulado, mas facilmente deduzível de tudo o que dizem as cartas de Dostoiévski e de tudo o que elas não dizem, foi a indiferença do esposo pela esposa, a indiferença dos sentidos, do coração e do espírito, indiferença que Fiódor Mikháilovitch fez tudo para combater, não há dúvida, mas que jamais conseguiu vencer. Essa indiferença surgiu antes do casamento, a partir do momento em que teve certeza de que ninguém mais disputava com ele a posse de Mária Dmítrievna.

A presença do rival, o medo do fracasso e o obstáculo exercem sobre Dostoiévski, como em seus heróis, uma influência ao mesmo tempo paralisante e excitante. Podemos constatá-lo novamente em 1862. O escritor torna-se amante de Paulina Súslova, modelo de todas as grandes orgulhosas obras-primas: de início, domina a jovem com todo o peso de sua idade e de sua celebridade; recusa divorciar-se por causa dela e sua paixão somente exaspera-se no dia em que ela se afasta e se apaixona, em Paris, por um estudante de medicina espanhol.

Em 1859, depois do casamento com Mária Dmítrievna, Dostoiévski tinha recebido a permissão, solicitada por muito tempo, de deixar o serviço militar, de voltar para a Rússia e, finalmente, de retomar sua carreira de escritor. Publica inicialmente algumas narrativas e novelas que estão entre as mais medíocres de sua obra; depois, entre 1861 e 1862, escreveu *Recordações da Casa dos Mortos*, a grande reportagem sobre a prisão siberiana que alcançou estrondoso sucesso e lançou seu autor, por uma segunda vez, à cena de São Petersburgo. Em 1861, Dostoiévski publica também um romance, *Humilhados e Ofendidos*, o mais ambicioso, até esta data, de sua carreira.

O herói é um jovem escritor chamado Vânia que conhece um rápido sucesso, seguido de um relativo esquecimento, como o próprio Dostoiévski. Vânia é apaixonado por Natacha; esta estima-o infinitamente, mas não o ama. Natacha, por sua vez, ama Aliocha, a quem não estima. Vânia facilita o melhor possível os amores de Natacha e Aliocha; sua atitude lembra a do próprio Dostoiévski com Vergunov e Mária Dmítrievna. Todos os biógrafos e críticos de Dostoiévski reconheceram em *Humilhados e Ofendidos* alusões muito claras à experiência de Kuznetzk. Mas as obras anteriores à Sibéria já prefiguram, como vimos, essa experiência amorosa. Portanto, *Humilhados e Ofendidos* não traz, do ponto de vista psicológico, nenhum elemento verdadeiramente novo.

A intriga do romance parece quase cômica quando é reduzida a seus elementos essenciais. Ainda que Natacha tenha abandonado a casa de sua família por Aliocha e tenha sido amaldiçoada por seu pai, ele não a ama; ama uma segunda jovem, Katia. Dostoiévski duplica, em suma, seu esquema original; enquanto o jovem escritor Vânia impele Natacha para os braços de Aliocha, Natacha, por sua vez, impele Aliocha para os braços de Katia. Esta última, que de resto não pretende ter grandeza de alma, repele Aliocha com todas as suas forças e reenvia-o à infeliz Natacha.

São as obsessões das obras anteriores à prisão que reaparecem nesse romance, mais insistentes, mais importunas, mais intoleráveis do que nunca. Com o tempo, as linhas estruturais dessa obsessão acentuam-se, definem-se e simplificam-se como os traços de um rosto nas mãos de um caricaturista. Em todos os escritos desse período,

Dostoiévski multiplica as situações obsessivas e dá-lhes um tal relevo que é quase impossível enganar-se quanto a sua natureza.

Todos os personagens de *Humilhados e Ofendidos* sentem um prazer doloroso, porém intenso, ao ver o espetáculo de um desastre amoroso para o qual colaboraram tanto quanto possível. Antes mesmo de abandonar Natacha por Katia, Aliocha comete numerosas infidelidades com mulheres de vida fácil. Vai ter com sua noiva depois de cada uma dessas escapadas e conta o acontecido: "Vendo-a doce e clemente, Aliocha não se continha e começava logo sua confissão, sem ser interrogado, unicamente para aliviar o coração, para 'ser como antes', segundo sua expressão". A jovem escuta essas confidências com uma atenção apaixonada: "Ah! Não se afaste do assunto", pede ela. O prazer que sente Natacha, ainda que terrivelmente enciumada, em perdoar as loucuras de Aliocha revela mais claramente ainda o caráter ambíguo da "magnanimidade" dostoievskiana: "Brigamos", explica ela a Vânia, "quando ele esteve com uma tal Minna... Eu soube, vigiei-o e, imagine, sofria o martírio e – devo admiti-lo? – ao mesmo tempo experimentava um sentimento doce, agradável... Não sei bem o porquê". Vânia está apaixonado por Natacha; sente-se, portanto, duplamente humilhado por essa humilhação. Há, nessa cena, um masoquismo e um voyeurismo em segunda potência, do qual o romance fornece inumeráveis exemplos.

O sonho da vida a três transformou-se em pesadelo universal. Aliocha quer provocar um encontro entre Natacha e Katia:

> Vocês foram criadas para serem irmãs... Têm que amar uma à outra, é um pensamento que não me abandona. Gostaria de vê-las juntas e de ficar lá, olhando-as. Não vá imaginando nada, Natacha, e deixe-me falar dela. Quando estou com você, tenho o desejo de falar dela, e com ela, o de falar de você... Suas palavras pareciam produzir nela o efeito de uma carícia e ao mesmo tempo fazê-la sofrer.

É evidente que todos esses amores nascem do obstáculo que lhes opõe um terceiro, e só subsistem por ele. Logo depois o objeto da rivalidade aparece apenas como um simples pretexto e os dois rivais, ou as duas rivais, ficam sós face a face. A nulidade pessoal de Aliocha, a qual Natacha e Katia remetem uma para a outra, como fariam com uma bola, destaca ainda mais o confronto das duas mulheres. Estas acabam encontrando-se.

Katia avança vivamente para Natacha, "toma-a pela mão e encosta sua pequena boca túmida sobre a dela. Assim enlaçadas, olham-se ambas a chorar. Katia estava sentada sobre o braço da poltrona de Natacha e estreitava-a nos seus braços".

Apesar dos lampejos que o iluminam, *Humilhados e Ofendidos* não está entre as grandes obras de Dostoiévski. O romance desenvolve-se, do início ao fim, em um clima de idealismo romântico que bem podemos chamar de mistificador. A retórica sentimental põe sob uma falsa figura de esforço moral e espírito de sacrifício uma conduta que provém com evidência cada vez maior de um *masoquismo* psicopatológico.

capítulo 2
psicologia do subsolo

Sob certos aspectos, o Dostoiévski de *Humilhados e Ofendidos* está mais distante de seu próprio gênio que o Dostoiévski de *O Duplo*. O próprio afastamento – quase poderíamos dizer, o descaminho – sugere uma ruptura inevitável. Mas é somente a iminência dessa ruptura que se revela, não a iminência do gênio. Se Dostoiévski tivesse enlouquecido, em 1863, em vez de escrever *Memórias do Subsolo*, não seria difícil descobrir em *Humilhados e Ofendidos* os sinais precursores dessa loucura. E talvez não houvesse outra saída para o Dostoiévski de 1863: a loucura ou o gênio.

Vemos bem, agora, que o caminho da mestria romanesca não é um progresso contínuo, um processo cumulativo, comparável à construção em camadas sucessivas de um edifício. *Humilhados e Ofendidos* é certamente superior, tecnicamente, às obras iniciais; a futura lucidez já aparece, é verdade, em certas passagens e em certos personagens, mas nem por isso a obra deixa de situar-se no ponto mais extremo da cegueira, dado o desequilíbrio de que sofre e a distância que revela entre a perspectiva do criador e a significação objetiva dos fatos. E esse ponto extremo só pode preceder e anunciar ou a noite definitiva ou a luz da verdade.

Não há tarefa mais essencial, e entretanto mais negligenciada, que comparar em um mesmo escritor as obras verdadeiramente superiores a todas as outras. Para facilitar essa comparação, por ora deixaremos de lado *Memórias do Subsolo,* obra infinitamente rica e diversa, e tomaremos uma novela de sete anos depois, *O Eterno Marido.* Se nos desviamos por um momento da ordem cronológica é somente por razões práticas, a fim de facilitar a compreensão do nosso ponto de vista. *O Eterno Marido* é exclusivamente consagrada aos motivos obsessivos das obras do período romântico e na correspondência siberiana; essa novela permitirá então o esboço, em alguns pontos bem definido, de uma primeira comparação e uma primeira distinção entre os dois Dostoiévski, o que tem gênio e o que não o tem!

O Eterno Marido é a história de Páviel Pávlovitch Trussótzki, importante provinciano que parte para São Petersburgo após a morte de sua mulher com o intuito de conhecer seus amantes. A narrativa traz à tona o fascínio que exerce sobre os heróis dostoievskianos o indivíduo que os humilha sexualmente. Em *Humilhados e Ofendidos,* a insignificância do amante, já observamos, sugeria a importância da rivalidade na paixão sexual; em *O Eterno Marido,* a mulher está morta, o objeto desejado desapareceu e o rival permanece; o caráter essencial do obstáculo é plenamente revelado.

Ao chegar em São Petersburgo, Trussótzki pode escolher entre dois amantes de sua finada mulher. O primeiro,

Vieltchâninov, é o narrador de *O Eterno Marido*; o segundo, Bagaútov, suplantara Vieltchâninov junto à esposa infiel e teve um reinado mais duradouro que o do precedente. Mas Bagaútov acaba morrendo e Trussótzki, depois do funeral, de que participa com grande dor, contenta-se, na falta de algo melhor, com Vieltchâninov. Aos olhos de Trussótzki, é Bagaútov, que o enganou e ridicularizou mais radicalmente, quem encarna plenamente a essência da sedução e do dom-juanismo. É dessa essência que Trussótzki descobre-se privado, precisamente porque sua mulher o traiu; é portanto dessa essência que busca apropriar-se tornando-se o companheiro, o êmulo e o imitador de seu triunfante rival.

Para compreender esse *masoquismo*, é preciso esquecer o instrumental médico que geralmente o obscurece aos nossos olhos e ler, pura e simplesmente, *O Eterno Marido*. Não há, em Trussótzki, um desejo de humilhação no sentido comum do termo. A humilhação constitui, ao contrário, uma experiência tão terrível que fixa o masoquista no homem que a infligiu ou naqueles que a ele se assemelham. O masoquista não pode encontrar sua própria estima senão por uma vitória estrondosa sobre o ser que o ofendeu; mas esse ser adquire, a seus olhos, dimensões tão fabulosas que lhe parece igualmente o único capaz de obter essa vitória. Há, no masoquismo, uma espécie de miopia existencial que limita a visão do ofendido à pessoa do ofensor. É este quem define não apenas o objetivo do ofendido mas também os instrumentos de sua ação. Isso significa que a contradição, a ruptura e o desdobramento são inevitáveis. O ofendido é condenado a errar indefinidamente em torno do ofensor, a reproduzir as condições da ofensa e a fazer-se novamente ofender.

Nas obras que consideramos até aqui, o caráter repetitivo das situações engendra uma espécie de humor involuntário. Em *O Eterno Marido*, esse caráter repetitivo é enfatizado; o escritor tira efeitos cômicos dele conscientemente.

Na segunda parte da novela, Trussótzki decide casar novamente e procura envolver Vieltchâninov no empreendimento. Não pode assumir sua própria escolha sem que o sedutor exemplar não lhe tenha confirmado a excelência, sem que este, em suma, não deseje a jovem que ele mesmo deseja.

Convida então Vieltchâninov a acompanhá-lo até a casa da jovem. Vieltchâninov tenta escapar, mas acaba cedendo, vítima, escreve Dostoiévski, de um "bizarro impulso". Os dois homens passam primeiro em uma joalheria e o eterno marido pede ao eterno amante que escolha o presente que dará à futura esposa. Chegam em seguida à casa da moça e Vieltchâninov cai, invencivelmente, em seu papel de sedutor. É ele quem agrada, Trussótzki não. O masoquista é sempre o fascinado artífice de sua própria desgraça.

Por que ele se precipita assim na humilhação? Porque é imensamente vaidoso e orgulhoso. A resposta é paradoxal apenas na aparência. Quando Trussótzki descobre que sua mulher prefere outro, o choque que sofre é terrível, pois ele se impusera a tarefa de ser o centro e o umbigo do universo. O homem é um antigo proprietário de servos; é rico; vive em um mundo de senhores e escravos; é incapaz de considerar um meio-termo entre dois extremos; o menor fracasso condena-o portanto à servidão. Marido enganado, consagra-se ele mesmo à negação sexual. Depois de se ter concebido como um ser de que irradiavam naturalmente a força e o sucesso, ele se vê como um dejeto e daí seguem-se inevitavelmente a impotência e o ridículo.

A ilusão da onipotência é tanto mais fácil de destruir quanto mais total ela for. Entre o Eu e os Outros estabelece-se sempre uma comparação. A vaidade pesa na balança e faz com que penda para o Eu; quando esse peso é retirado, a balança, numa reação brusca, pende para o Outro. O prestígio de que dotamos um rival feliz é sempre a medida da nossa vaidade. Acreditamos manter firmemente o cetro de nosso orgulho, mas ele escapa-nos ao menor fracasso para surgir, mais brilhante do que nunca, nas mãos de outro.

Assim como Ordinov, em *A Senhoria*, procura em vão assassinar Múrin, Trussótzki esboça um gesto assassino na direção de Vieltchâninov. Na maior parte do tempo, procura um *modus vivendi* com o rival fascinante. Como o herói de *Um Coração Fraco*, espera que se reflita nele um pouco dessa felicidade fabulosa que atribui ao rival vencedor. O "sonho da vida a três", idílico ou patético até agora, reaparece em uma perspectiva grotesca.

O impulso primordial que anima os heróis dostoievskianos não é o que sugeriam as primeiras obras. O leitor de *Humilhados e Ofendidos* que procura permanecer fiel às intenções conscientes do escritor chega a fórmulas que contradizem radicalmente o significado latente da obra. O crítico George Haldas, por exemplo, define a essência comum a todos os personagens desta maneira: "É a compaixão que traz à tona o que seus corações têm de mais nobre e faz com que consintam em sacrificar, em si mesmos, a parte possessiva de todo amor". O crítico percebe bem que um "elemento obscuro" mistura-se à paixão, mas é sobre esse elemento, segundo ele, que os personagens acabam por triunfar: "Há um conflito entre o amor-paixão e a compaixão – e também com a caridade –, uma luta terrível em que no final é a compaixão que triunfa, derrotando a paixão".

Longe de renunciar "à parte possessiva de todo amor", esses personagens se interessam unicamente por ela. Parecem generosos *porque não o são*. Como conseguem então parecer, e considerar-se a si mesmos, o contrário daquilo que são? É porque o orgulho é uma potência contraditória e cega que sempre suscita, mais cedo ou mais tarde, efeitos diametralmente opostos aos que procura. O mais fanático orgulho tende, ao menor fracasso, a descer muito baixo diante do outro; o que significa que parece, exteriormente, humildade. O egoísmo mais extremo faz de nós, à menor derrota, escravos voluntários; o que significa que parece, exteriormente, espírito de sacrifício.

A retórica sentimental que triunfa em *Humilhados e Ofendidos* não revela esse paradoxo, mas joga com ele de forma a dissimular a presença do orgulho. A arte dostoievskiana do grande período faz exatamente o contrário. Espanta o orgulho e o egoísmo de seus esconderijos; denuncia sua presença nos comportamentos que têm aparência de humildade e de altruísmo.

Só percebemos o masoquismo dos personagens de *Humilhados e Ofendidos* se formos além das intenções do autor no sentido de uma *verdade objetiva*, que não podemos ser acusados de "projetar" no romance, pois está explícita em *O Eterno Marido*. Na obra genial, não há mais espaço entre as intenções subjetivas e a significação objetiva.

Vislumbres disso aparecem, sem dúvida, em *Humilhados e Ofendidos*. O título já é um achado; induz a pensar que esse romance, muito pouco lido, é "dostoievskiano" no sentido de que o serão as obras posteriores. A ideia de que o comportamento dos personagens fundamenta-se no orgulho já se encontra expressa: "Estou assustado", observa rapidamente Vânia, "porque vejo todos eles devorados pelo orgulho". A ideia, entretanto, permanece abstrata; está isolada, encoberta pela retórica idealista. Em *O Eterno Marido*, pelo contrário, temos uma sensação quase física da vaidade mórbida e caricatural do herói principal, verdadeiro espelho deformante no qual o dândi Vieltchâninov contempla o *duplo* de sua própria suficiência dom-juanesca.

Depois de *Humilhados e Ofendidos* há, em Dostoiévski, uma mudança de orientação ao mesmo tempo sutil e radical. Essa metamorfose tem consequências intelectuais, mas não é fruto de uma operação intelectual. Perante o orgulho, a inteligência pura é cega. A metamorfose também não é de ordem estética; o orgulho pode assumir qualquer forma, mas pode igualmente dispensar uma forma. O Dostoiévski de Semipalátinsk, o Dostoiévski que escrevia a Wrangel as cartas que conhecemos, seria incapaz de escrever *O Eterno Marido*. Apesar das dúvidas que já o assaltavam, obstinava-se em considerar seu orgulho mórbido e sua obsessão de humilhação sob uma luz favorável e enganosa. Esse Dostoiévski só poderia escrever

Noites Brancas ou *Humilhados e Ofendidos*. Não se trata de fazer de Trussótzki um personagem autobiográfico no sentido tradicional do termo, mas de reconhecer que essa criação genial funda-se na consciência aguda de mecanismos psicológicos do próprio criador, mecanismos cuja tirania baseava-se, justamente, no esforço desesperado desse mesmo criador para dissimular sua significação e até mesmo sua presença.

*

Há, no fundo da metamorfose da arte dostoievskiana, uma verdadeira conversão psicológica da qual as *Memórias do Subsolo* permitirão que destaquemos novos aspectos. O herói dessas memórias é muito parecido com Trussótzki. O próprio autor sublinha o fato em *O Eterno Marido:* "Muita psicologia do subsolo", exclama um Vieltchâninov exasperado com as aparições bufônicas de seu ridículo imitador. As *Memórias* são mais difusas, menos "bem compostas" que *O Eterno Marido*, mas com um alcance mais vasto. Os "sintomas" que apresenta o herói do subsolo não são novos para nós, porém se inscrevem em um quadro existencial ampliado. Não é de inferioridade sexual que sofre esse herói, mas de inferioridade generalizada. Seu caso deveria nos convencer de que os fenômenos mórbidos apresentados por Trussótzki não são de ordem especificamente sexual e que não há uma terapêutica que lhes corresponda.

Homem cativo e doentio, o herói do subsolo pertence, para sua infelicidade, a essa classe burocrática pretensiosa e lamentável, cuja mentalidade o escritor julga extremamente significativa e mesmo, sob certos aspectos, profética da sociedade que naquele momento está em gestação.

O problema do rival aparece sob uma forma pura, quase abstrata, na primeira "aventura" relatada nas *Memórias*. Um dia, em um café, um oficial, cuja passagem é impedida por nosso herói, pega-o pelos ombros e afasta-o, sem mesmo dignar-se a falar com ele. A lembrança desse desaforo persegue o herói subterrâneo. O oficial desconhecido toma, na sua imaginação, proporções tão monstruosas quanto as de Vieltchâninov para Trussótzki.

Qualquer obstáculo, qualquer aparência de obstáculo, desencadeia os mecanismos psicológicos já observados em *O Eterno Marido*. Uma segunda aventura vem confirmar esse esquema. Os antigos colegas do herói organizam um jantar; o herói do subsolo julga-se muito superior a eles e não tem, habitualmente, nenhum desejo de frequentá-los, mas o sentimento de ser excluído da festa desperta nele uma necessidade frenética de se fazer convidar. O desprezo que acredita inspirar nesses medíocres personagens confere-lhes uma importância prodigiosa.

A ideia de que o orgulho está na origem da grandeza imaginária e da abjeção efetiva do herói do subsolo é mais desenvolvida que em *O Eterno Marido*. Em seus sonhos solitários, o herói eleva-se facilmente até o sétimo céu; nenhum obstáculo o impede. Mas sempre chega um momento em que o sonho não é suficiente. A exaltação egoísta não tem nada a ver com o nirvana budista; cedo ou tarde, sente a necessidade de confirmar-se na realidade. O sonho solitário é sempre a tomada de armas do cavaleiro andante. Mas o sonho é delirante e sua encarnação impossível. O herói subterrâneo precipita-se então nas aventuras humilhantes; cai tanto mais baixo na realidade quanto mais alto subiu no sonho.

As moralidades que repousam sobre a harmonia entre o interesse geral e os interesses particulares "bem compreendidos" confundem o orgulho com o egoísmo, no sentido tradicional do termo. Seus inventores não têm dúvidas de que o orgulho é contraditório em sua essência, desdobrado e dividido entre o Eu e o Outro; não percebem que o egoísmo acaba sempre nesse altruísmo delirante que são o masoquismo e o sadismo. Fazem do orgulho o contrário do que é, ou seja uma potência de unificação em vez de uma potência de divisão e de dispersão. A ilusão, presente em todas as formas de pensamento individualista, não é evidentemente fortuita; é ela, com efeito, e somente ela que define corretamente o orgulho. É, portanto, o próprio orgulho que suscita as moralidades da harmonia entre os diversos egoísmos. O orgulhoso, como sabemos, quer ser acusado de egoísmo e acusa-se a si mesmo de egoísmo, a fim de melhor dissimular o papel que o Outro desempenha em sua existência.

A segunda parte das *Memórias* revela claramente a vaidade do raciocínio utilitarista. O herói do subsolo é perfeitamente capaz de reconhecer seu interesse "verdadeiro", mas não tem nenhum desejo de conformar sua conduta a ele. Esse interesse parece terrivelmente superficial e tedioso se comparado às quimeras que assombram sua solidão e ao ódio que determina sua existência social. O que importa nosso "interesse", por "verdadeiro" que seja, diante dessa onipotência que o Outro, o carrasco fascinante, parece possuir? O orgulhoso acaba sempre preferindo a escravidão mais abjeta ao egoísmo recomendado pela falsa sabedoria de um humanismo decadente.

O raciocínio utilitarista parece irrefutável por causa do seu cinismo. Não se trata mais de combater – a tarefa mostrou-se impossível –, mas de utilizar o desejo incoercível dos indivíduos de tudo relacionar a si mesmos. Esse cinismo é apenas aparente. O utilitarismo elimina do idealismo o que lhe resta de grande, mas mantém e ainda reforça sua ingenuidade. Dostoiévski sente tudo isso: compreende que a descoberta subterrânea desfere um golpe fatal na utopia do "palácio de cristal", pois revela o nada da visão metafísica e moral sobre a qual se pretende construí-lo. Essa vitória – a primeira – sobre as sinistras superficialidades morais do século XIX parece-lhe tão importante que gostaria de formulá-la em termos didáticos e filosóficos. Por isso, no início de sua novela, encarrega seu herói de refutar diretamente os sistemas éticos dos quais a sequência da narrativa, a única realmente romanesca, demonstrará a inépcia.

Mas Dostoiévski não conseguiu traduzir em conceitos a psicologia subterrânea, a psicologia do subsolo. Por que leria seu próprio texto melhor do que a maioria de seus críticos? Viu muito bem que o herói do subsolo escolhia sempre uma coisa diversa de seu interesse "verdadeiro", mas não soube dizer *o que ele escolheria* nem *por que* o escolheria. Escapa-lhe o essencial. À moral do interesse "verdadeiro", opõe então uma liberdade abstrata e vazia, uma espécie de "direito ao capricho" que, de fato, não refuta absolutamente nada. Essa primeira parte é portanto bem inferior à continuação. Mas é nela, infelizmente, que se apoiam quase sempre os críticos quando procuram definir o determinismo e o antipsicologismo dostoievskianos; e é dessa parte que Gide retirou sua famosa teoria do "ato gratuito".

O texto não faz mais que rejeitar, em nome de um vago irracionalismo situado ainda mais baixo que o utilitarismo na escala do pensamento ocidental, todos os elementos positivos que este ainda contém. Por isso, e apesar de seu autor, o texto promove novas divisões e novas dispersões; vale dizer, objetivamente, que está na continuidade histórica do orgulho prometeico. Acaba contradizendo a parte romanesca de que pretende ser o comentário. Não é de espantar que o vejamos constantemente citado, hoje em dia, por um individualismo anarquizante que só se pode apoiar em Dostoiévski deixando prudentemente de lado o resto de sua obra.

É lamentável que críticos em princípio hostis a esse individualismo anarquizante deem tanta importância a esse texto atípico, aí buscando a definição da liberdade dostoievskiana. Tais críticos recaem, forçosamente, na eterna divisão que se estabelece entre o pensador e o romancista, sempre em detrimento do segundo Dostoiévski, quer dizer, do único que verdadeiramente importa. Não é o pensamento desencarnado que nos interessa, mas o pensamento encarnado nos romances. Devemos colaborar, em suma, na obra de decifração empreendida pelo escritor e não aproveitar suas facilidades ou especular sobre suas fraquezas. A interpretação não deve se apoiar no que há de mais limitado na obra do romancista, de mais submisso ao passado, mas no que se abre para o futuro e traz em si a maior riqueza.

O Dostoiévski genial é o Dostoiévski romancista. Portanto, não é nas reflexões teóricas, mas nos textos autêntica e plenamente romanescos, que devemos procurar o sentido da liberdade. Essa liberdade é tão radical quanto a de Sartre, pois o universo dostoievskiano é tão desprovido de valores objetivos quanto o universo sartriano. Contudo, o Dostoiévski da maturidade e da velhice percebe, primeiro apenas no plano de sua criação romanesca e depois no plano da meditação religiosa, o que nem o Sartre romancista, tampouco o Sartre filósofo perceberam até agora. Em outras palavras: nesse universo, a escolha essencial deve ter como base não um *em si* mudo, mas uma conduta já carregada de sentido e propagadora de um sentido cujo modelo inicial é fornecido por um outro. Os melhores psicólogos infantis confirmam os dados imediatos da obra romanesca. No universo estruturado pela revelação evangélica, a existência individual continua essencialmente imitativa, mesmo e sobretudo, talvez, quando rejeita com horror qualquer pensamento de imitação. Os Padres da Igreja tinham por evidente uma verdade que foi rapidamente negligenciada e que o romancista reconquista, passo a passo, por entre as consequências terríveis dessa negligência.

Ao escrever as *Memórias*, o romancista já se havia dado conta dessa verdade a ponto de torná-la operatória em sua obra, mas era tão incapaz de captar sua fórmula quanto os demais pensadores da época. Daí o caráter gratuito, arbitrário e brutal de sua prosa não romanesca. Sabe muito bem a que deve se ater – ou ao menos acredita sabê-lo, pois, ainda aqui, se engana – mas não pode jamais justificar logicamente suas conclusões.

O orgulho do subsolo, o orgulho subterrâneo, surpreendentemente, é um orgulho coletivo. O mais vivo sofrimento provém do fato de o herói não conseguir *distinguir-se* concretamente dos homens que o rodeiam. Pouco a pouco toma consciência do fracasso. Percebe que está rodeado de pequenos funcionários que têm os mesmos desejos e sofrem as mesmas derrotas. Todos os indivíduos subterrâneos creem-se tanto mais "únicos" quanto mais são, de fato, parecidos. O mecanismo dessa ilusão não é difícil de perceber. Já vimos que Vieltchâninov, em *O Eterno Marido,* entra involuntariamente no jogo de seu parceiro. O masoquista acaba sempre encontrando um sádico, e o sádico, um masoquista; cada um confirma no Outro e faz com que este confirme sua dupla ilusão de grandeza e abjeção; cada um mantém e precipita no outro o vai e vem da exaltação e do desespero. A imitação enraivecida generaliza-se e os conflitos estéreis exasperam-se. Cada um exclama, com o homem do subterrâneo: "Eu sou um só e eles são todos".

Para além do desacordo superficial, há um acordo profundo entre a realidade social e a psicologia individual. *O Duplo* já oferecia uma mistura de fantástico psicopatológico e de realismo cotidiano que supõe esse acordo. As cenas mais significativas são aquelas em que Goliádkin júnior, o duplo, recorre a pequenas artimanhas clássicas para suplantar seu rival perante o chefe do escritório. A rivalidade dos dois Goliádkin concretiza-se em situações muito significativas do ponto de vista sociológico. Para compreender as obsessões dos pequenos funcionários dostoievskianos, temos que considerar a burocracia czarista da metade do século XIX, sua hierarquia rigorosa, a multiplicação dos empregos inúteis e mal remunerados. O processo de "despersonalização" sofrido pela massa dos funcionários subalternos é tanto mais rápido, eficaz e dissimulado quanto mais se confunde com as rivalidades ferozes mas estéreis engendradas pelo sistema. Os indivíduos constantemente contrapostos uns aos outros não podem compreender que sua personalidade concreta está a ponto de se dissolver.

Otto Rank, em seu estudo sobre o "tema do duplo na literatura",[1] viu muito bem que "a mestria [de Dostoiévski] caracteriza-se pela descrição absolutamente objetiva de um estado paranoico, na qual nenhum traço é omitido, assim como pela ação do meio sobre a loucura da vítima". Rank não define, infelizmente, em que consiste a ação do meio. Não basta dizer que o meio *favorece* a loucura, pois jamais conseguimos separar esta daquele. O aspecto burocrático é a face externa de uma estrutura, cuja face interna é a alucinação do duplo. O próprio fenômeno é duplo; comporta uma dimensão subjetiva e uma dimensão objetiva que concorrem para o mesmo fim.

Para entender essa dimensão, basta reconhecer que *O Duplo* e *Memórias do Subsolo* são dois esforços para exprimir a mesma verdade. As cenas capitais das duas obras acontecem todas em noites de outono e do final do inverno; cai uma neve semiderretida; sente-se muito frio e muito calor ao mesmo tempo; faz um tempo úmido, malsão, ambíguo, *duplo*, em síntese. Nas duas novelas encontramos os mesmos tipos de rivalidade e os mesmos temas, inclusive o do convite recusado e o da expulsão física, que reaparecerá em Samuel Beckett.

---

[1] *Don Juan. Une Étude sur le Double*, ed. Denoël et Steele, 1932.

Se as duas novelas são uma só, é sem dúvida o orgulho que deve produzir a alucinação de Goliádkin. O orgulhoso acredita ser *um* em seu pensamento solitário, mas, quando fracassa, se divide em um ser desprezado e um observador que despreza. Torna-se Outro para si mesmo. O fracasso constrange-o a tomar, contra si mesmo, o partido desse Outro que lhe revela seu próprio nada. As relações consigo mesmo e com o outro são então caracterizadas por uma dupla ambivalência:

> Odiava naturalmente todos os empregados do nosso escritório, do primeiro ao último, e desprezava-os a todos; mas, ao mesmo tempo, creio que tinha medo deles. Acontecia mesmo colocá-los acima de mim. Essas coisas, em mim, acontecem sempre repentinamente; basta desprezar alguém para logo colocá-lo em um pedestal. Um homem honesto e cultivado só pode ser vaidoso com a condição de ser infinitamente exigente consigo mesmo e de desprezar-se, às vezes, ao ponto de odiar-se.

O fracasso engendra um duplo movimento. O observador que despreza, o Outro que existe no Eu, aproxima-se incessantemente do Outro que existe fora do Eu, o rival triunfante. Vimos, por outro lado, que esse rival triunfante, esse Outro, fora do Eu, cujo desejo imito e que imita meu desejo, aproxima-se cada vez mais do Eu. À medida que a cisão interior da consciência aumenta, a distinção entre o Eu e o Outro atenua-se; os dois movimentos convergem um para o outro e acabam engendrando a "alucinação" do duplo. O obstáculo, como uma cunha que penetrasse na consciência, agrava os efeitos reduplicadores de toda reflexão. O fenômeno alucinatório constitui o acabamento e a síntese de todos os desdobramentos subjetivos e objetivos que definem a existência do subsolo.

É essa mistura de subjetivo e objetivo que a narrativa de 1846 esclarece magistralmente. A psiquiatria é incapaz de colocar corretamente o problema do duplo, pois não pode levar em conta as estruturas sociais. Procura curar o doente devolvendo-lhe o "senso da objetividade". Mas "a objetividade" desse doente é, sob certos aspectos, superior à dos seres "normais" que o rodeiam. Goliádkin já poderia proferir as bravatas do herói subterrâneo:

> Quanto a mim, o que tenho feito em minha vida é levar até o fim aquilo que vocês não ousam levar nem até a metade, sempre denominando sua covardia de sabedoria, consolando-se assim com mentiras. Se bem que eu talvez esteja bem mais vivo que vocês.

Que coisa é essa que o herói subterrâneo acredita ser o único a levar "até o fim", embora partilhe com todos seus vizinhos? É evidentemente o orgulho, esse primeiro motor psicológico, e também metafísico, que governa todas as manifestações individuais e coletivas da vida subterrânea. Se *O Duplo* é uma obra notável, não consegue, entretanto, expor o essencial. Não revela, em particular, o papel que desempenha a *literatura* no egoísmo do subsolo. A obra *Memórias* consagra a este tema páginas importantes.

O herói informa que cultivou, por toda sua vida, "o belo e o sublime". Admira apaixonadamente os grandes escritores românticos. Trata-se, porém, de um bálsamo envenenado que esses seres de exceção derramam em suas feridas psicológicas. Os grandes arrebatamentos líricos afastam-se do real sem verdadeira libertação, pois as ambições que despertam são, com toda certeza, extremamente mundanas. A vítima de romantismo torna-se sempre mais inapta à vida, sempre exigindo dela coisas cada vez mais extraordinárias. O individualismo literário é uma espécie de droga da qual é preciso incessantemente aumentar as doses para experimentar, ao preço de sofrimentos cada vez maiores, alguns êxtases duvidosos. A separação entre "o ideal" e a sórdida realidade agrava-se. Depois de parecer um anjo, o herói subterrâneo torna-se uma besta. Os desdobramentos multiplicam-se.

É seu próprio romantismo que Dostoiévski satiriza.

O contraste entre as situações lamentáveis e a retórica grandiosa de que se embriaga o herói subterrâneo corresponde ao deslocamento entre a interpretação sugerida pelo autor e a significação objetiva de um romance como *Humilhados e Ofendidos*. O herói subterrâneo, o pretenso autor das *Memórias*, percebe a verdade das aventuras grotescas que vivera sem consciência. Essa distância entre o homem que se tornou e o homem que era antes reflete a distância que separa as *Memórias* das obras anteriores, as quais qualificaremos a partir de agora de "românticas".

O romântico não reconhece seus próprios desdobramentos e, assim, agrava-os. Quer acreditar que é perfeitamente *um*. Elege então uma das metades de seu ser –

na época romântica propriamente dita, é geralmente a metade ideal e sublime; atualmente, é antes a metade sórdida – e esforça-se por fazer esta metade passar pela totalidade. O orgulho quer provar que pode reunir e unificar todo o real em torno de si.

No Dostoiévski romântico, as duas metades da consciência romântica refletem-se separadamente nas obras sentimentais ou patéticas por um lado, e, por outro, nas obras grotescas. Temos, pois, de um lado, *Gente Pobre, A Senhoria, Noites Brancas*, e, do outro, *Senhor Prokhártchin, O Povoado de Stiepántchikovo, O Sonho do Titio*, etc. Em obras como *Humilhados e Ofendidos*, a divisão dos personagens em "bons" e "maus" reflete a dualidade do subsolo. Essa dualidade subjetiva é apresentada como um dado objetivo da realidade. A diferença entre os "bons" e os "maus" é tão radical quanto abstrata; são os mesmos elementos, marcados com sinal positivo ou negativo, que encontramos nos dois casos. Teoricamente, nenhuma comunicação é possível entre as duas metades, mas o masoquismo dos "bons" e o sadismo dos "maus" revela a instabilidade da estrutura, a tendência perpétua das duas metades de transformar-se uma na outra, sem chegar jamais a fundir-se. Masoquismo e sadismo refletem a nostalgia romântica da unidade perdida, mas essa nostalgia é carregada de orgulho; o desejo que ela engendra, longe de reunir, dispersa, pois sempre se extravia em direção ao Outro.

A obra romântica não pode, portanto, salvar o escritor; ela encerra-o no círculo do seu orgulho; perpetua o mecanismo de uma existência votada ao fracasso e à fascinação. Dostoiévski faz alusão, nas *Memórias*, à arte desdobrada que está na iminência de renunciar, quando descreve as veleidades literárias de seu herói. O desejo impotente de vingar-se leva o personagem a fazer, não sua própria sátira, como nas *Memórias*, mas a de seu rival, do inimigo, do oficial arrogante:

> Uma bela manhã, embora eu não me ocupasse nunca de literatura, veio-me a ideia de descrever esse oficial sob um tom satírico, de caricaturá-lo e fazer dele o herói de uma novela. Mergulhei com alegria nesse trabalho. Pintei meu herói com as cores mais sombrias. Cheguei mesmo a caluniá-lo.

Todas as obras do período romântico, com a exceção parcial de *O Duplo*, apenas refletem uma dualidade que as obras geniais *revelam*. O herói do subsolo é, *ao mesmo tempo*, o herói "sonhador" e lírico das obras sentimentais, assim como o pequeno funcionário intrigante e ridículo das obras grotescas. As duas metades da consciência do subsolo reuniram-se. Não é a impossível síntese que o escritor apresenta, mas a justaposição dolorosa no seio do mesmo indivíduo. Essas duas metades dominam, alternadamente, a personalidade do infeliz herói, determinando o que os médicos denominariam seu temperamento *cíclico*. A obra que revela a divisão é uma obra que *reúne*.

Não há nenhuma dificuldade em encontrar na existência do próprio Dostoiévski a dolorosa dualidade que caracteriza a existência do subsolo. As lembranças pessoais que o escritor utiliza nas *Memórias* polarizam-se, ao que parece, em torno dos últimos anos da adolescência.

A infância de Fiódor Mikháilovitch foi vivida à sombra de um pai tão caprichoso em sua conduta quanto austero em seus princípios. A literatura foi um meio de fugir das tristes realidades da vida familiar. Essa tendência à "evasão" reforçou-se em seguida sob a influência do jovem Chidlóvski que travou amizade com os dois irmãos Dostoiévski, no dia mesmo em que chegaram a São Petersburgo, em 1837. Chidlóvski só jurava em nome de Corneille, Rousseau, Schiller e Victor Hugo. Escrevia versos em que exprimia uma necessidade urgente de "governar o universo", além de "discutir com Deus". Chorava muito, falava também em pôr um fim a sua deplorável existência jogando-se num canal de São Petersburgo. Fiódor Mikháilovitch foi subjugado: admira o que Chidlóvski admirava; pensa o que ele pensava. É nessa época, parece, que surge sua vocação de escritor.

Alguns meses mais tarde, Dostoiévski entrava na sinistra Escola de Engenheiros Militares de São Petersburgo. A disciplina era feroz, os estudos eram ingratos e sofridos. Dostoiévski sufocava no meio de jovens grosseiros, totalmente absorvidos pela carreira e pela vida mundana. Se os sonhos solitários do herói do subsolo lembram Chidlóvski, as desventuras que lhe acontecem recordam a Escola dos Engenheiros. Depois de ter, por longo tempo, ocultado de si mesmo os sofrimentos que lhe infligiram seus colegas, Dostoiévski talvez os exagere um pouco. Ele já era forte o suficiente para encarar as fraquezas deles, porém, ainda é muito fraco para perdoá-los.

Foi durante esses anos de escola que o pai de Dostoiévski foi assassinado por servos que tiranizava tanto quanto a seus filhos. À ideia de que se sente aliviado por essa morte e de que, ao mesmo tempo, é cúmplice dela, Fiódor Mikháilovitch experimenta uma angústia extrema e faz tudo para expulsar da memória a terrível lembrança.

Ao sair da escola militar, Dostoiévski escreveu *Gente Pobre*, sendo logo acolhido como um novo Gógol no círculo de amigos de Bielínski. Passa da pobreza ao luxo, do anonimato à glória, da obscuridade à luz. Os sonhos chidlovskianos mais delirantes tornam-se realidade. Dostoiévski embriaga-se de alegria; seu orgulho, esmagado, mas vivo, ressurge e cresce. "Jamais, meu irmão", escreve ele a Mikhail, "minha glória ultrapassará o cume que atingiu agora. Em todos os lugares suscito um respeito incrível, uma curiosidade surpreendente... Todo mundo me considera uma maravilha". Corre o rumor, constata com satisfação, de que "uma nova estrela acaba de surgir, e que afogará todo mundo na lama".

O jovem escritor toma todas os elogios a sério. Não vê que se trata de um empréstimo a curto prazo e que terá que pagar tudo, e logo, sob pena de perder o crédito. Dostoiévski não faz nenhum dos pequenos acordos que tornam o subsolo literário suportável. Seu orgulho é maior, sem dúvida, que o daqueles que o rodeiam, mas é, sobretudo, mais ingênuo, mais brutal, menos hábil para lidar com outros orgulhos. Esse jovem provinciano, ardente de vivos desejos, mas já maltratado pela existência a ponto de ficar disforme para sempre, não podia deixar de fazer rir, e de irritar, a uma só vez, os dândis literários que se agrupavam em torno de Turguiêniev.

Dostoiévski há muito tempo escolhera ser deus, longe dos homens e da sociedade. Ei-lo agora que penetra, sob aclamações, nos mais brilhantes salões literários de São Petersburgo: não é de espantar que se tome por um deus. As testemunhas contemporâneas descrevem sua espantosa transformação. Primeiro extremamente silencioso e fechado. Depois mostrou uma exuberância e uma arrogância extraordinárias. As pessoas começaram sorrindo, mas logo sentiram-se importunadas.

Então, todos os mecanismos subterrâneos entram em movimento. Feridos em seu orgulho, Turguiêniev e seus amigos também procuram ferir. Dostoiévski procura defender-se, mas a luta é desigual. Acusa Turguiêniev, que há pouco venerava, de estar com "ciúmes" de sua obra. Dá a entender que suas asas de gigante impedem-no de caminhar. Os zombadores atacam e versos satíricos, compostos por Turguiêniev e Nekrasov, são postos em circulação.

Cavaleiro da triste figura,
Dostoiévski, amável fanfarrão,
No nariz da literatura,
Brotarás como um novo carnegão.[2]

O superficial Panáiev notará, um pouco mais tarde, em *Lembranças:* "Nós fizemos um desses pequenos ídolos do dia perder a cabeça... Acabou delirando. Primeiro nós o desmontamos e logo depois o esquecemos. Pobre dele! Foi por nós ridicularizado".

Fecha-se o círculo do orgulho e da humilhação. Nada de mais banal, em certo sentido, que esse círculo. Contudo, Dostoiévski ainda não é capaz de descrevê-lo, pois nem principiou a sair dele. Essa singularidade não é sem importância, pois se reflete na sua obra, mas é menos importante, para essa obra, que os pontos comuns entre Dostoiévski e o resto dos homens. Se o seu orgulho não fosse feito da mesma substância que os outros orgulhos, não se poderia censurar, ao escritor, como se faz com frequência, de ser *mais* orgulhoso, e por conseguinte *mais* humilhado que o comum dos mortais. Esse *mais* de orgulho está misteriosamente ligado ao *menos* que permitirá a Dostoiévski, um pouco mais tarde, reconhecê-lo em si mesmo e analisar seus mecanismos subterrâneos. Esse *mais* e esse *menos* ensinam-nos melhor sobre a gênese e a natureza do gênio romanesco que a singularidade inefável apontada por tantos críticos. Devemos sempre voltar à frase das *Memórias*, citada há pouco: "Quanto a mim, o que tenho feito em minha vida é levar até o fim aquilo que vocês não ousam levar nem até a metade..."

---

[2] Henri Troyat, *Dostoiévski*, p. 112.

Se a dialética do orgulho e da humilhação não fosse tão comum como afirmará o Dostoiévski genial, não poderíamos compreender nem o sucesso das obras que a dissimulam, nem o gênio do escritor que nos revela sua universalidade. Não poderíamos compreender também a eclosão tardia desse gênio, pois não poderíamos compreender as relações de Dostoiévski com Bielínski e seus amigos. Dostoiévski tinha trabalhado em *O Duplo* em um estado de exaltação fácil de compreender. Dando uma dimensão realista e cotidiana a um tema romântico comum, o escritor encaminhava sua obra a novas profundezas. Sua alegria pode ser comparada, talvez, à do pesquisador científico que une sorte à habilidade, descobrindo de um só lance a solução de um problema que poderia ter-lhe custado numerosas tentativas. O motivo do duplo permite a Dostoiévski penetrar em um domínio literário a que ainda não era capaz de aceder por seus próprios meios. Talvez não tivesse jamais conquistado plenamente esse domínio se sua obra tivesse sido acolhida como merecia. Talvez, com efeito, teria cedido à tentação de repetir o sucesso de *O Duplo* e de estabelecer como procedimento permanente a técnica, tão particular, dessa obra. Um tal Dostoiévski seria mais puramente "literário" que o Dostoiévski real, mais "moderno" talvez, no sentido que muitos dão hoje a esse termo. Contudo, ele seria menos universal e, sem dúvida, muito menos importante.

Possivelmente no dia em que, depois de algumas hesitações, condenou *O Duplo*, Bielínski tenha feito um grande serviço a seu protegido, mas por razões bem distintas das que poderia imaginar. Dostoiévski, agora, exasperava Bielínski, ele mesmo demasiado egoísta, demasiado homem de letras para não passar a desempenhar, em suas relações com o jovem escritor, o papel sádico exigido por seu masoquismo. Fora a questão da influência de Gógol, as objeções que o crítico levantava a *O Duplo* eram muito simplistas. Porém, como Dostoiévski questionaria o julgamento do homem que o havia tirado de sua horrorosa adolescência? As cartas que escreveu a seu irmão revelam uma grande perturbação.

> Fiquei momentaneamente abatido; tenho um terrível defeito; um orgulho, uma vaidade sem limites. O simples pensamento de ter decepcionado a expectativa do público e de ter estragado uma obra que poderia ter sido grandiosa mata-me literalmente. Goliádkin desgosta-me. Muitas passagens estão mal-acabadas... Tudo isto torna-me a vida insuportável.

Assim como Vieltchâninov acabou entrando no jogo de Trussótzki, Bielínski e seus amigos comportaram-se como *duplos* e fecharam, em torno de Dostoiévski, o círculo do fracasso. Fecharam-lhe a saída que poderia ter sido uma carreira de honra, e mesmo brilhante, na literatura. Ajudam a matar o germe do escritor de talento que ele poderia ter sido. As obras posteriores a *O Duplo* justificam, por sua mediocridade, a condenação sem apelo lançada por Bielínski. Restam abertos somente dois caminhos para Dostoiévski: a alienação completa ou o gênio; a alienação primeiro; depois, o gênio.

capítulo 3
metafísica do subsolo

Depois de *Memórias do Subsolo*, Dostoiévski escreve aquela que seria durante muito tempo, e que talvez ainda continue a ser, a mais célebre de suas obras: *Crime e Castigo*. Raskólnikov é um sonhador solitário, sofre da alternância entre exaltação e depressão, vive com a obsessão do ridículo. É, portanto, também um personagem do subsolo; porém, é mais trágico que grotesco, já que se esforça selvagemente por experimentar e ultrapassar os limites invisíveis de sua prisão. A necessidade de ação, que em seu predecessor se traduzia apenas em lamentáveis veleidades, desemboca, desta vez, em um crime atroz. Raskólnikov mata, e mata deliberadamente, a fim de assentar seu orgulho em bases inabaláveis. O herói do subsolo reina em seu universo individual, mas sua realeza é constantemente ameaçada pela irrupção do outro. Raskólnikov imagina que seu crime, ao excluí-lo da moral comum, afastará a ameaça.

Seu crime, é verdade, isola Raskólnikov mais radicalmente que seu sonho. Mas o sentido desse isolamento, que o herói acreditava ter definitivamente determinado por sua própria vontade, está sempre em questão.

Raskólnikov não sabe se sua solidão faz dele superior ou inferior aos outros homens, um deus ou um verme da terra. E o Outro permanece sendo o juiz do debate. Raskólnikov, no fim das contas, não é menos fascinado pelos juízes que Trussótzki pelo Don Juan modelo, ou o herói subterrâneo por seus oficiais fanfarrões. Raskólnikov depende sempre do veredito do Outro.

A intriga policial transforma o herói do subsolo em um verdadeiro suspeito, vigiado por policiais verdadeiros e conduzido perante juízes verdadeiros que o julgarão em um tribunal de verdade. Fazendo seu herói cometer um verdadeiro crime, Dostoiévski magistralmente faz com que isso resulte na mais extrema criação de duplos. O próprio nome do herói sugere essa dualidade. *Raskol* significa cisma, separação. Os escritores do século XX retomarão incansavelmente essa encarnação mítica da psicologia do subsolo, mas corrigindo-a, por vezes, em um sentido individualista. Assim, eles darão a Raskólnikov a conclusão que ele procura em vão tornar verdadeira. Não se pode ler essas páginas sem perguntar por que o mito do processo exerce sobre seus autores uma tal fascinação. A conclusão seria talvez menos simples e menos reconfortante a própria fascinação, para além da "inocência" do herói e da "injustiça" da sociedade, fosse tomada como objeto de reflexão.

O devaneio de Raskólnikov é tão literário quanto o do herói do subsolo, mas orienta-se noutra direção. Ao "belo e ao sublime" romântico substitui-se a figura de Napoleão, modelo quase lendário de todos os grandes ambiciosos do século XIX. O Napoleão de Raskólnikov é mais "prometeico" que romântico. A super-humanidade que encarna é fruto de um orgulho mais extremo, mas o "projeto fundamental" é o mesmo. E Raskólnikov não pode escapar às oscilações do subsolo; terminando por lhes dar uma amplitude terrível. O *mais* de orgulho não consegue, em outros termos, fazer Raskólnikov emergir do subsolo.

O Nietzsche de *Zaratustra* certamente atribuiria o fracasso de Raskólnikov à covardia dos "homens inferiores", ou seja, à covardia do subsolo. Como Dostoiévski, Nietzsche acredita reconhecer no que se passa em torno dele uma *paixão* do orgulho moderno. Pode-se imaginar sua emoção quando o acaso de uma vitrine de livraria colocou em suas mãos um exemplar das *Memórias do Subsolo*. Reconheceu nelas uma pintura magistral daquilo que chamava de *ressentimento*. É o mesmo problema e quase a mesma maneira de colocá-lo. Sem dúvida a resposta de Dostoiévski é diferente, porém *Crime e Castigo*, apesar de Sônia e da conclusão evangélica, está ainda muito longe da certeza definitiva. Durante muito tempo ainda Dostoiévski vai se perguntar se um orgulho mais extremo ainda que o de Raskólnikov não poderia triunfar justamente onde seu herói fracassou.

Depois de *Crime e Castigo* aparece *O Jogador*. O herói é *utchitel* – preceptor – na família de um general russo que passa uma temporada numa estação alemã. Tem uma paixão subterrânea pela filha do general, Paulina, que o trata com uma indiferença cheia de desprezo. É a consciência de ser visto pela jovem como *nada* que faz dela *tudo* aos olhos desse novo personagem do subsolo. Com efeito, o alvo e o obstáculo confundem-se, o objeto desejado e o rival obsessivo são uma só coisa. "Tenho a impressão", observa o *utchitel*, "que até esse dia ela olhou-me como aquela imperatriz da antiguidade que se despiu na frente de seu escravo, pois não o considerava um homem. Sim, acontece que ela não me considera um homem".

Por trás da intangibilidade de Paulina, o *utchitel* imagina um orgulho desmedido, que tenta desesperadamente encontrar e assimilar. Mas a situação inverte-se um dia: Paulina entra no quarto do jovem e se oferece a ele. Acaba então a atitude servil; o *utchitel* abandona Paulina e precipita-se para um cassino onde ganha, em uma noite, uma fortuna na roleta. Na manhã seguinte, não chega sequer a procurar a bem-amada. Uma prostituta francesa que o entedia, aliás, mortalmente, leva-o para Paris e gasta seu dinheiro.

Basta que Paulina revele-se vulnerável para que perca seu prestígio aos olhos do *utchitel*. A imperatriz torna-se escrava e vice-versa. É exatamente por isso que o *utchitel*, que aguardava o "momento favorável", decide jogar. Estamos em um universo onde há somente relações subterrâneas, mesmo com a roleta. Tendo tratado Paulina com a firmeza desenvolta que convém ao senhor, ele sente que agirá da mesma maneira, agora, com a roleta, e a vitória, nos dois casos, está assegurada.

O jogo do amor iguala-se ao jogo de azar. No universo subterrâneo, o Outro exerce uma força de gravitação da qual só é possível triunfar opondo-lhe um orgulho mais denso, mais pesado, em torno do qual esse Outro será também obrigado a gravitar. Mas o orgulho, em si, não pesa nada, uma vez que ele não *é;* adquire densidade e peso, com efeito, somente pelo reconhecimento do Outro. O domínio e a escravidão dependem então de detalhes ínfimos, assim como na roleta a bolinha parar neste ou naquele número depende de causas minúsculas, perfeitamente incalculáveis. Portanto, o amante é entregue ao mesmo destino que o jogador. No campo das relações humanas, entretanto, pode-se escapar ao ocaso dissimulando o próprio desejo. Dissimular o desejo é apresentar ao Outro a imagem, necessariamente enganosa, de um orgulho satisfeito, é revelar seu desejo e obrigá-lo a despojar-se, assim, de todo prestígio. Mas, para dissimular o desejo, é preciso ser perfeitamente senhor de si mesmo. O domínio de si permite governar o destino do subsolo. Daí a imaginar que o destino, em todos os campos, obedecerá ao indivíduo que for suficientemente senhor de si, não há mais que um passo: esse é o passo que dá o *utchitel* em *O Jogador*. Toda a novela repousa sobre a identidade secreta de erotismo e jogo. "Com frequência", observa o *utchitel*, "as mulheres têm sorte no jogo; elas têm um extraordinário domínio sobre si mesmas".

A roleta, como a mulher, maltrata aqueles que se deixam fascinar por ela, aqueles que temem muito perder. Ela só ama os que têm sorte. O jogador que obstina-se, como o amante infeliz, jamais consegue reverter a inclinação fatal. É justamente por isso que somente os ricos ganham: podem se dar ao luxo de perder. Dinheiro atrai dinheiro; assim também somente os Don Juans seduzem as mulheres porque enganam a todas. As leis do livre mercado capitalista, como as do erotismo, vêm do orgulho do subsolo.

Durante todo esse período, como sua correspondência revela, Dostoiévski está verdadeiramente convencido de que um pouco de sangue-frio permitiria triunfar no jogo da roleta. Jamais, entretanto, pôde aplicar seu "método", pois, desde os primeiros ganhos ou primeiras perdas, é dominado pela emoção, caindo na escravidão. Perde, em suma, por ser muito vulnerável, psicológica e financeiramente. A paixão do jogo confunde-se, nele, com a ilusão engendrada pelo orgulho do subsolo. A ilusão consiste em estender ao campo da natureza física a influência que o domínio de si pode exercer sobre o universo do subsolo. Compreenda-se bem o ponto: a ilusão não consiste em acreditar que se é um deus, mas que se pode tornar divino. Não tem um caráter intelectual; está tão profundamente enraizada que, somente em 1871, Dostoiévski conseguiu afastar-se das mesas de jogo.

Para compreender a relação entre erotismo e dinheiro, devemos associar *O Jogador* à cena em que Nastássia Filípovna, em *O Idiota*, joga ao fogo um maço de dinheiro. A jovem está pronta a cobrir com seu desprezo o homem que fizer o menor gesto em direção ao dinheiro que se consome. A mulher substitui a roleta, enquanto, na cena capital de *O Jogador*, é a roleta que substitui a mulher. Pouco importa, pois não se pode distinguir com muita clareza os dois ordálios do orgulho do subsolo: o erotismo e o jogo.

O dinheiro sempre desempenhou um papel importante no sonho do subsolo. O Senhor Prokhártchin, herói de uma novela imediatamente posterior a *O Duplo*, é um velho solitário que vive e morre como um mendigo ao lado de suas moedas. Uma das testemunhas dessa existência lamentável pergunta se o infeliz não sonha ser Napoleão. Esse personagem avarento é um precursor de Raskólnikov.

O tema do dinheiro a serviço da vontade de poder reaparecerá em *O Adolescente*, o penúltimo romance de Dostoiévski. Arcádi, o herói, não sonha mais em ser Napoleão, mas Rothschild. O dinheiro, especula, oferece ao medíocre, no mundo moderno, o meio de elevar-se acima dos outros homens. Arcádi não atribui nenhum valor concreto à riqueza; quer tê-la apenas para jogá-la no rosto dos *outros*. A ideia rothschildeana, como a ideia napoleônica, surge da fascinação exercida pelo Outro sobre o orgulho subterrâneo.

Essa ideia, a uma só vez grandiosa e mesquinha, pertence ao momento da exaltação egoísta; o Eu estende suas conquistas imaginárias à totalidade do ser. Mas um único olhar do Outro basta para dispersar essas riquezas; é então uma verdadeira bancarrota, financeira e espiritual, que se concretiza através de despesas exageradas, seguidas de empréstimos humilhantes. "A ideia" permanece, mas passa ao segundo plano. Arcádi veste-se como um príncipe e leva uma existência de dândi.

A prodigalidade é muito frequente nos personagens dostoievskianos de todas as fases. É preciso, porém, aguardar *O Adolescente* para encontrá-la unida à avareza. Antes dessa novela, os avaros são apenas avaros; os pródigos, apenas pródigos. A tradição do *caráter* clássico ainda é mais forte. É então a justaposição dos contrários, ou seja, a união sem reconciliação, que, em todos os campos, define o subterrâneo. E é esta "amplidão" que, segundo Dostoiévski, define o russo, e talvez o homem moderno em geral. É na paixão ao jogo – prodigalidade avara, avareza pródiga – que se revela essa união dos contrários. À roleta, os momentos da dialética do subsolo sucedem-se com muita rapidez e deixam de se distinguir. A cada jogada, o domínio e a escravidão estão em jogo. A roleta é a quintessência abstrata da alteridade em um universo onde todas as relações humanas estão impregnadas de orgulho do subsolo, de orgulho subterrâneo.

O Dostoiévski genial reúne, já dissemos, elementos de psicologia subterrânea que estão isolados e duplicados nas obras anteriores. É esse processo criador que encontramos, uma vez mais, no personagem Arcádi. Melhor que em *O Jogador*, Dostoiévski compreende em

O Adolescente o papel que o dinheiro representa em sua própria vida. E essa percepção dessacraliza o dinheiro, trazendo à tona o fetichismo do subsolo. Até 1870, mais ou menos, a maioria das cartas do romancista agrupa-se em duas categorias: umas estão cheias de projetos sensacionais que devem assegurar uma boa vida a seu autor e a seus próximos, as outras são pedidos de dinheiro, frenéticos ou suplicantes. Em 1871, em Wiesbaden, Dostoiévski volta a perder muito no jogo. E ele torna a anunciar para sua mulher que está curado de sua paixão. Mas, desta vez, é verdade. Jamais voltará a pôr os pés em um cassino.

*

É possível escapar do subsolo pelo domínio de si? A questão relaciona-se à pergunta de Raskólnikov, ou seja, ao dilema do super-homem. Está no centro de *O Idiota* e de *Os Possessos,* as duas obras-primas romanescas que aparecem depois de *O Jogador.*

No príncipe Míshkin, o domínio de si não vem, em princípio, do orgulho mas da humildade. A ideia original do príncipe é a do homem perfeito. A substância de seu ser, a essência de sua personalidade, é definida pela humildade, enquanto o orgulho, ao contrário, define o fundo mesmo, vale dizer, a essência da personalidade do subsolo. Em torno de Míshkin reencontramos, aliás, o rebuliço subterrâneo das obras precedentes.

O primeiro modelo de Míshkin é um Cristo mais romântico que cristão: o Cristo de Jean-Paul, de Vigny e do Nerval das *Quimeras.* Trata-se de um Cristo sempre isolado dos homens e de seu Pai, em agonia perpétua, um pouco teatral. Esse Cristo "sublime" e "ideal" é também um Cristo impotente para resgatar os homens, é um Cristo que morre por inteiro. Ora, a angústia de Míshkin, perante *A Descida da Cruz* bastante realista de Holbein, simboliza essa dissociação da carne e do espírito, resultado do idealismo romântico.

As fraquezas do modelo também estão no discípulo. A humildade, algo caracterológica de Míshkin, é primeiro concebida como perfeição, mas, à medida que avançamos no romance, cada vez mais ela se parece com uma espécie de enfermidade, uma diminuição de existência, uma verdadeira carência de ser. Vemos finalmente reaparecerem as duplicações, sintomas irrecusáveis do masoquismo subterrâneo. Míshkin desdobra-se em sua vida sentimental; abandona Aglaia para devotar-se à infeliz Nastássia Filípovna, que, mais que amor, lhe inspira uma "compaixão" obsessiva. O príncipe e Rogójin são *duplos* um do outro, ou seja, as duas metades, para sempre separadas e mutiladas, da consciência subterrânea.

A conclusão, de uma força excepcional, mostra essas duas "metades" lado a lado, junto ao cadáver de Nastássia Filípovna. As duas "metades" mostraram-se tão incapazes tanto uma quanto a outra de salvar a infeliz. Rogójin é a sensualidade bestial, sempre subjacente ao idealismo desencarnado. Devemos reconhecer, portanto, na catástrofe final, uma consequência da impotência romântica de se encarnar. Toda a vida espiritual de Míshkin está ligada à epilepsia, e sua paixão pela humildade não pode ser senão a forma suprema dessa volúpia que faz os habitantes do subterrâneo buscarem a humilhação.

O Idiota, romance que Dostoiévski queria luminoso, revela-se o mais negro de todos, o único que termina com uma nota de desespero. Esforço supremo em criar uma perfeição puramente humana e individualista, o romance volta-se, em suma, contra sua própria "ideia". Encontra novamente, mas em nível superior, as conclusões de *Memórias do Subsolo*. O fracasso da ideia inicial é o triunfo de uma outra ideia, mais profunda, e que só é desesperante porque não aparece ainda em toda sua amplitude. Um tal fracasso não poderia ocorrer em uma obra medíocre; implica pois a realização literária mais espetacular. *O Idiota* é um dos ápices da obra de Dostoiévski: seu caráter "experimental" confere-lhe uma densidade existencial que poucas obras possuem.

O segundo modelo de Míshkin é um Dom Quixote revisto e corrigido também pelo romantismo, ou seja, novamente vemos um "idealista" e a vítima patética de sua própria perfeição. Esse Dom Quixote não é o de Cervantes, assim como o Míshkin que o imita não é o "verdadeiro" Míshkin. É a partir do fracasso da ideia de perfeição que, sem dúvida, Dostoiévski torna-se grande como Cervantes. Por trás da pseudoperfeição romântica, são sempre os mesmos demônios que reaparecem. A visão popular de *O Idiota* suprime os demônios e cai na ingenuidade. É a ideia afinal rejeitada por Dostoiévski que vemos retornar em todos esses Míshkin cinematográficos, amorosamente favorecidos por belas mulheres, vestidas com crinolina, e eles sempre extraordinariamente "espirituais", com sua melancolia sofrida e a eterna barba desenhada comendo-lhes metade do rosto.

Qual é a origem do mal-entendido entre Míshkin e os Outros? Devemos deixar de culpar os Outros? As consequências quase infantilmente desastrosas das intervenções de Míshkin demandam essa questão. Quando o general Ivolguin entrega-se a suas bravatas, Lebedeff e seus companheiros de bebedeira não hesitam em interrompê-lo, o que obriga o velho bufão a não ultrapassar certos limites. Míshkin, por sua vez, não o interrompe; e o general leva o delírio tão longe que não consegue mais crer em suas próprias mentiras. Arrasado pela vergonha, sucumbe, um pouco mais tarde, a um ataque de apoplexia.

Para apreciar a profunda ambiguidade de Míshkin, é preciso conhecer a estreita relação que une esse personagem ao Stavróguin de *Os Possessos*. Os dois homens são a antítese um do outro. Ambos são aristocratas desarraigados; ambos permanecem no exterior da agitação frenética que suscitam. Ambos são mestres em um jogo que não procuram vencer. Mas Stavróguin, ao contrário de Míshkin, é um ser cruel e insensível. O sofrimento do outro deixa-o indiferente, a menos que tire dele um prazer perverso.

É jovem, belo, rico, inteligente; recebeu de herança todos

os dons que a natureza e a sociedade podem conferir a um indivíduo; por isso vive no mais completo tédio; não tem mais desejos, pois já possui tudo.

Devemos renunciar à visão tradicional que insiste sobre a "autonomia" dos personagens de um romance. Os diários de Dostoiévski provam que Míshkin e Stavróguin têm uma origem comum. Os dois personagens encarnam respostas contraditórias, porque hipotéticas, a uma só e mesma questão sobre o significado espiritual da indiferença. Por trás do enunciado abstrato, temos que reencontrar o exame de consciência que as *Memórias* inaugurou e que será aprofundado até os *Irmãos Karamazov*.

Qual é a situação de Dostoiévski na época de *O Idiota* e *Os Possessos*? A revelação do subsolo é a revelação do niilismo. A religião de Dostoiévski, nessa época, não é mais do que uma reação violenta contra a influência de Bielínski, uma recusa do ateísmo intelectual que se espalhava entre os intelectuais russos. O escritor, devemos reconhecer, entrega-se ao niilismo, mas esse niilismo não é somente um fardo, mas também uma fonte de conhecimento e mesmo de poder em um mundo que ainda crê na solidez dos valores românticos.

Essa eficácia da revelação do subsolo, nós a constatamos sem dificuldade no domínio literário. Esse período é o mais fecundo que Dostoiévski já conhecera, e as obras que vêm agora à luz são infinitamente superiores às precedentes. A "vitalidade de gato" que o escritor descobriu em si mesmo quando saiu da prisão jamais foi desmentida. Mas a existência de Dostoiévski, sempre instável e desordenada, passa então por um paroxismo de instabilidade e desordem. A energia do niilismo parece dirigir-se, sobretudo, para as mais diversas formas de autodestruição.

Há uma outra coisa, porém: se ainda acontece a Dostoiévski desempenhar o papel de vencido, por exemplo, com Paulina Súslova, acontece-lhe também impor-se como nunca antes ousara fazer. Sua personalidade de homem e de escritor afirma-se cada dia com mais autoridade; sua influência se faz sentir nos meios mais diversos. Desta vez não é mais um fogo de palha, uma ilusão logo dissipada, como ocorrera em 1846; grandes áreas de sua existência escapam a essa aderência, a esse afundar-se no Outro que define o subterrâneo. A criação de um Míshkin e de um Stavróguin reflete essa transformação. Dostoiévski começa a interessar-se por seres que dominam tanto quanto e talvez até mais do que pelos seres dominados. Alguns por vezes estranham que o romancista tenha podido unir em si esses dois opostos que são Míshkin e Stavróguin; perguntam se sua personalidade não seria totalmente monstruosa. É preciso compreender que a diferença entre Míshkin e Stavróguin é, ao mesmo tempo, imensa e minúscula. Reduz-se, em última instância, a uma questão de perspectiva.

Diante dos notáveis resultados que a ingenuidade de Míshkin obtém junto às mulheres, seu rival na conquista de Aglaia pergunta-se se o príncipe, em vez de ser o mais simples, não é o mais astuto, o mais diabólico de todos os homens. Um incidente semelhante acontece em *Os Possessos*. A manca, mulher meio louca, mas inspirada, que Stavróguin desposou por bravata, é a primeira a ver nele o herói e o santo que deve surgir um dia para salvar a Rússia. É, portanto, possível perguntar se Míshkin não é Stavróguin e, reciprocamente, se Stavróguin não é Míshkin. O mais extremo orgulho, mesmo se não encontra obstáculo e não cai em uma armadilha masoquista, é sempre o mais difícil de perceber porque despreza realmente as satisfações vulgares exigidas pela vaidade. Confunde-se melhor com a humildade autêntica do que com todas as atitudes intermediárias. Nada mais fácil, portanto, que se enganar quanto a esses dois extremos, tanto em si mesmo quanto no outro.

Isto não quer dizer que Dostoiévski tenha se tomado sucessivamente, ou alternativamente, por Míshkin e Stavróguin, mas esses dois personagens constituem o desenvolvimento ficcional de dois pontos de vista opostos entre os quais hesita o escritor quando reflete sobre o valor moral de suas próprias condutas.

O projeto de escrever *O Idiota*, conceber um herói cuja perfeição, e não sua imperfeição, separa do outro, é afirmar sua própria inocência, recusando-se a lançar sobre o outro toda culpabilidade. Inversamente, projetar escrever *Os Possessos*, conceber um herói cuja indiferença é uma forma de degradação moral e espiritual, é recusar esse gênero de justificação, é recusar-se a ver qualquer superioridade na lucidez que desmonta e remonta os mecanismos do subterrâneo. A "indiferença" não prova o triunfo sobre o próprio orgulho, prova somente a troca da escravidão pelo senhorio; os papéis invertem-se, mas a estrutura das relações intersubjetivas permanece a mesma.

Essa dupla criação reflete bem a espécie de homem que era Dostoiévski. Ele não pode satisfazer-se, como um

Senhor Teste,[1] com a autonomia relativa que chegou a conquistar sobre a efervescência subterrânea. Não lhe basta ver atuar a seu favor, e não contra, o eterno mal-entendido entre o Eu e o Outro. É o próprio mal-entendido que lhe parece intolerável. O niilismo não é capaz de destruir nele a necessidade de comunhão.

Míshkin e Stavróguin são, essencialmente, duas imagens opostas do romancista. *O Idiota* e *Os Possessos* são romances circulares; desenvolvem-se a partir de um foco central em torno do qual gravita o universo romanesco. Devemos ver nisto uma imagem da criação estética. Mas o sentido da criação muda de um romance para outro. Se Dostoiévski não tivesse sobrepujado, escrevendo *O Idiota*, sua primeira ideia do homem perfeito, poderíamos muito bem dizer que *Os Possessos* está para *O Idiota* como *Memórias do Subsolo* está para *Humilhados e Ofendidos*. Acontece uma nova ruptura que se produz em um nível mais elevado que a primeira, e cujos frutos estéticos e espirituais serão, em consequência, ainda mais notáveis.

Essa análise sumária esboça apenas a significação "existencial" das obras consideradas. Seria preciso levar em conta, em particular, todos os personagens secundários. Tentamos somente mostrar que a criação dostoievskiana está sempre ligada a uma interrogação ardente sobre o próprio criador e sobre suas relações com os outros. Os personagens são sempre os X e os Y de equações que visam definir essas relações.

---

[1] Referência ao personagem do livro *La Soirée avec Monsieur Teste* (1896), de Paul Valéry. O personagem representa uma inteligência pura, que busca testemunhar as operações de sua consciência. O nome do personagem, aliás, Teste, é devido ao latim *testis*, isto é, testemunho. (N. T.)

Há também *modelos* de Stavróguin. Podemos reconhecer os elementos que lhes pertencem, sem enfraquecer o caráter profundamente subjetivo da criação romanesca. O conhecimento de si é perpetuamente mediatizado pelo conhecimento do outro. Portanto, a distinção entre personagens "autobiográficos" e personagens que não o são é superficial; ela só funciona para obras superficiais, que não chegam a revelar as mediações preexistentes entre o Outro e o Eu, nem a ser o instrumento de novas mediações. Se a obra é profunda, não podemos mais falar de "autobiografia" nem de "invenção" ou de "imaginação" no sentido habitual desses termos.

Um modelo importante de Stavróguin é Nicolai Spiéshniev, um dos membros do círculo Pietrachévski,[2] o grupo revolucionário frequentado pelo escritor e que lhe valeu quatro anos de prisão. Filho de um rico proprietário de

---

[2] O círculo de Pietrachévski reuniu-se, de 1844 a 1849, na casa de Mikhail Pietrachévski, em São Petersburgo. Os membros do grupo, sob acusação de subversão, foram presos e condenados à morte. Após a simulação da execução, todos foram deportados para a Sibéria. (N. T.)

terras, Spiéshniev tinha viajado por um longo tempo pela Europa. As testemunhas da época concordam que tinha um ar "byroniano", a uma só vez "esplêndido e sinistro", que lembra o personagem de *Os Possessos*. Pietrachévski chamava Spiéshniev de "o homem das máscaras"; Bakúnin admirava seu estilo de grande senhor. Na época do círculo Pietrachévski, Fiódor Mikháilovitch teria reconhecido, se dermos crédito à narrativa a bem dizer muito tardia de Ianóvski, seu médico e amigo, que um misterioso laço unia-o a Spiéshniev: "Estou com ele e sou dele", teria afirmado o escritor, "tenho meu Mefistófeles".

Spiéshniev desempenhou, sem dúvida, junto a Dostoiévski, um papel semelhante ao de Chidlóvski, alguns anos atrás. É essa relação de mestre e discípulo que encontramos, no romance, entre Stavróguin e todos os possessos. O mimetismo do subsolo, a imitação do rival, frequentemente notada nas obras precedentes, adquire neste romance uma dimensão intelectual, espiritual e mesmo "religiosa". Dostoiévski desvela o elemento irracional que intervém na difusão de toda mensagem, mesmo quando essa mensagem quer ser inteiramente racional. Um ponto de vista novo não encontra audiência na multidão se não despertar o entusiasmo de verdadeiros fiéis.

Todos os possessos estão fascinados pela palavra desse messias negativo que é Stavróguin. Todos falam dele em termos religiosos. Stavróguin é sua "luz", sua "estrela"; inclinam-se diante dele como "diante do Altíssimo"; os pedidos que lhe fazem são humilíssimas preces. "Você sabe", diz Chatov a seu ídolo, "que beijarei os rastos dos seus passos quando se for. Não posso arrancá-lo do meu coração, Nikolai Stavróguin". O próprio Vierkhovênski, cuja filosofia consiste em não ser enganado por ninguém, faz um ato de submissão religiosa ao enigmático personagem:

> Você é que é meu ídolo. Não ofende ninguém, e, entretanto, todo mundo o odeia; trata todos como seus iguais, e, entretanto, têm medo de você... Você é o chefe, você é o sol, e eu não passo de um verme da terra.

Stavróguin é para os Possessos o que o oficial insolente é para o herói do subsolo, o obstáculo intransponível, do qual sempre acaba fazendo um absoluto, justamente quem queria ser absoluto. O tema do obstáculo, como todos os temas subterrâneos, adquire, em *Os Possessos*, uma dimensão quase mítica. Stavróguin aceita bater-se em duelo, ou antes servir de alvo para um homem cujo pai insultara gravemente. Mostra tal indiferença sob os tiros que seu adversário, fora de si, já não consegue nem mirar. É novamente o controle de si mesmo que permite dominar o subsolo.

O desejo de fusão com o rival detestado revela aqui seu significado fundamental. O orgulhoso não renuncia a ser deus; é justamente por isso que se inclina com um espírito de ódio diante de Stavróguin; volta constantemente a ferir-se avançando contra o obstáculo, pois só acredita nele, quer tornar-se ele. A extraordinária abjeção do herói do subsolo, sua paralisia em presença do rival, sua consternação diante da ideia do conflito por ele mesmo provocado, tudo isso, à luz de *Os Possessos*, torna-se não racional, sem dúvida, mas perfeitamente inteligível e coerente. O "sonho da vida a três" é particularmente significativo. O fiel renuncia a conquistar a mulher cobiçada pelo ídolo; faz-se então seu servidor – quase diríamos seu saco de pancada – na esperança de que lhe seja permitido juntar as migalhas do banquete celeste.

Sendo próprio do ídolo contrapor-se a seus adoradores e resistir-lhes, nenhum contato com ele pode se dar sem sofrimento. Masoquismo e sadismo constituem os sacramentos da mística do subsolo. O sofrimento padecido revela ao masoquista a proximidade do carrasco divino; o sofrimento infligido dá ao sádico a ilusão de encarnar esse mesmo carrasco no exercício de seu poder sagrado.

O culto que os Possessos rendem a Stavróguin é um dos temas que, por vezes, levam a julgar Dostoiévski excessivamente *russo* para os espíritos ocidentais. Dostoiévski não acrescenta nada, entretanto, às descrições puramente psicológicas do subsolo. *Os Possessos* faz passar de implícito a explícito um significado presente em todas as obras precedentes. Não é justo, por exemplo, ver a viagem de Trussótzki a São Petersburgo como uma espécie de infame peregrinação? Trata-se, dir-se-á, de simples metáfora. Talvez, mas de metáfora em metáfora, é uma visão singularmente coerente que acaba se impondo. Os esforços "contra a natureza" que faz o eterno marido para levar a mulher que escolheu aos pés do ídolo parecem-se, a ponto de se confundir, aos sacrifícios de religiões primitivas, aos ritos bárbaros que pedem de seus fiéis o culto do sangue, do sexo e da noite. Os Possessos também conduzem suas mulheres ao leito de Stavróguin.

O caráter religioso da paixão do subsolo reaparece em *O Jogador*, mas é uma mulher que o *utchitel* descreve, e a linguagem que usa não surpreende, pois é a linguagem da tradição poética ocidental. Não devemos esquecer, porém, que os trovadores tomaram essa linguagem da mística cristã, e os grandes poetas do mundo ocidental, da Idade Média a Charles Baudelaire e a Paul Claudel, jamais confundiram essa imagética mística com uma simples retórica. Pelo contrário, sempre souberam preservar ou reencontrar, em suas obras, um pouco da força original do sagrado, seja para saboreá-lo, seja para denunciar seu caráter blasfemo. Por trás da retórica passional que utiliza desde as primeiras obras, Dostoiévski descobre, agora, toda uma profundidade idolátrica; com um mesmo movimento, penetra a verdade metafísica de seu próprio destino e retorna às fontes profundas do mistério poético ocidental.

A vida do subsolo é uma imitação colérica de Stavróguin. Este personagem, cujo nome significa "aquele que carrega uma cruz", usurpa, junto aos Possessos o papel de Cristo. Forma, com Piotr Vierkhovênski, o Espírito de subversão, e com o velho Vierkhovênski, pai deste último e pai espiritual de Stavróguin – pois foi seu preceptor –, uma espécie de contratrindade demoníaca. O universo do ódio parodia, nos menores detalhes, o universo do amor divino. Stavróguin e os Possessos que arrasta atrás de si estão todos em busca de uma redenção às avessas, cujo nome teológico é danação. Dostoiévski reencontra, mas invertidos, os grandes símbolos da Escritura, tal como são desenvolvidos pela exegese patrística e medieval. As estruturas espirituais são *duplas*, também. Todas as imagens, metáforas e símbolos que descrevem-nas, têm um sentido duplo e é preciso interpretá-las de forma oposta conforme as estruturas estejam orientadas para o alto, para a unidade, para Deus, como na vida cristã, ou para baixo, como em *Os Possessos*, ou seja, para a dualidade que conduz à fragmentação e finalmente à destruição total do ser.

Stavróguin é para os Possessos o que a mulher é para o amante, o que o rival é para o ciumento, o que a roleta é para o jogador, e o que é para Raskólnikov esse Napoleão em quem Hegel já via "a encarnação viva da divindade". Stavróguin é a síntese de todas as relações subterrâneas anteriores. O romancista não acrescenta nada e não retira nada; o rigor que demonstra é o do fenomenólogo que abstrai a essência, ou a razão, de toda uma série de fenômenos. Não podemos dizer que interpreta: é a reunião desses fenômenos que revela sua identidade profunda, que fixa de súbito mil pressupostos esparsos em uma só e fulgurante evidência.

O homem que se revolta contra Deus para adorar-se a si mesmo acaba sempre adorando o Outro – Stavróguin. A intuição, elementar mas profunda, cumpre a superação metafísica da psicologia do subsolo começada em *Crime e Castigo*. Raskólnikov é essencialmente o homem que não consegue ocupar o lugar do deus que matou, mas o sentido de seu fracasso permanece oculto: esse é o sentido revelado em *Os Possessos*. Stavróguin não é deus *em si*, evidentemente, nem mesmo *para si*; as homenagens unânimes dos Possessos são homenagens de escravos e são desprovidas, por isso, de qualquer valor. Stavróguin é deus *para os Outros*.

Dostoiévski não é filósofo, mas romancista; não criou o personagem Stavróguin por ter formulado, intelectualmente, a unidade de todos os fenômenos subterrâneos; ao contrário, chega a essa unidade por ter criado o personagem Stavróguin. A psicologia do subsolo tende por si mesma a estruturas sempre mais estáveis e mais rígidas. O domínio atrai o domínio e a escravidão atrai a escravidão. Por não desejar, o senhor só encontra à sua volta escravos, e, só encontrando escravos, não pode desejar. É a implacável lógica do subsolo que conduz à metafísica.

A intuição dostoievskiana nem por isso deixa de ter uma dimensão filosófica essencial. Convoca ao diálogo todo o individualismo ocidental de Descartes a Nietzsche. Convoca esse diálogo tanto mais imperiosamente por encontrar, nos dois grandes profetas do individualismo, uma experiência do Duplo muito semelhante à de Dostoiévski.

Devemos recorrer à biografia de Baillet,[3] como o fez Georges Poulet em seu ensaio *Estudos sobre o Tempo Humano*,[4] para revelar todas as duplicações que comporta a experiência cartesiana. O crítico mostra-nos que, "na embriaguez de Descartes, há (...) uma parte sombria como há uma parte luminosa (...). Essas duas partes estão (...) tragicamente dissociadas". O espírito do filósofo sofre um "movimento pendular"; está submetido à "alternância da ciclotimia". Poulet fala mesmo desse "irmão inimigo" que o filósofo abriga em seu interior. Descreve "a grande infelicidade de um tempo dilacerado entre um espírito que se situa no intemporal e o resto que vive apenas uma obscura e confusa duração". Ao lado do Descartes

---

[3] Referência a Adrien Baillet (1649-1706), erudito e crítico francês, autor de *Vie de Descartes* (1691), em dois volumes. (N. T.)
[4] *Études sur le Temps Human*, ed. Plon, 1950.

"dominador", vemos um Descartes "lançado para fora do caminho por uma força que o domina e ultrapassa". Quer dizer, "entramos nessa região sombria da angústia (...) que subsiste subterraneamente em nós e cuja ação jamais cessa". Compreenda-se que essa experiência de duplicação subterrânea está estreitamente ligada ao que há de mais fundamental no caminho do filósofo. "Una em sua meta, sua investigação duplicou-se em seu método."

Baillet descreve o aspecto bizarro de Descartes, tal como aparece no *Sonho*:

> Imaginando caminhar pelas ruas, era obrigado a inclinar-se para o lado esquerdo a fim de continuar indo para o lugar onde pretendia chegar, porque sentia uma grande fraqueza do lado direito, em que não se podia apoiar.

Georges Poulet via nesse caminhar a "imagem simbólica dessa vida cindida em dois". Como não pensar aqui em Ivã Karamazov, talvez o mais "duplicado" de todos os personagens dostoievskianos, que também caminha de forma desigual? Aliocha observa seu irmão distanciando-se e nota que seu ombro direito é mais baixo que o esquerdo.

Há, enfim, em Baillet, uma passagem que parece descrever a alucinação mesma do *Duplo*:

> Tendo percebido que passara por um conhecido sem saudá-lo, quis voltar atrás para cumprimentá-lo, e foi

impedido com violência pelo vento que soprava contra a Igreja.

Esse encontro mudo assemelha-se à famosa visão de Rapallo (janeiro de 1883) que "dá" a Nietzsche o personagem Zaratustra. No caminho de Portofino, o escritor vê surgir seu herói que passa por ele sem dirigir-lhe a palavra. Nietzsche evocou esse estranho acontecimento em um poema que não deixa subsistir nenhuma dúvida sobre a natureza da experiência: "Da, plötzlich Freundin! Wurde Eins zu Zwei – Und Zarathustra ging an mir vorbei..."[5]

Ao longo de sua história, o individualismo ocidental assume pouco a pouco as prerrogativas que pertenciam a Deus na filosofia medieval. Não se trata de uma simples moda filosófica, de um interesse passageiro pelo subjetivo; não há, depois de Descartes, outro ponto de partida senão o *cogito ergo sum*. Kant conseguiu, durante algum tempo, manter firmes os alicerces do subjetivismo, através de um compromisso sobretudo arbitrário, mas a verdade tem que acabar, e acabou, vindo à tona. O idealismo absoluto e o pensamento prometeico levarão o cartesianismo até suas conseqüências mais extremas.

Qual é essa onipotência que herdaram, com o surgimento do mundo moderno, não os homens em geral ou a soma de todos os indivíduos, mas cada um de nós em particular? Qual é esse Deus que está a ponto de morrer?

---

[5] Então, súbita amiga! o um torna-se dois – e Zaratustra passou ao meu lado.

É o Jeová da Bíblia, o Deus ciumento dos judeus, aquele que não tolera rivais. A questão está longe de ser histórica ou acadêmica. Trata-se, com efeito, de determinar o sentido do empreendimento que fracassa inteiramente em cada um de nós, indivíduos modernos. Todo pluralismo é excluído. É o Deus único da tradição judaico-cristã que é responsável pela particular qualidade do individualismo ocidental. Cada subjetividade tem que fundar o ser do real em sua totalidade e afirmar *eu sou aquele que sou*. A filosofia moderna reconheceu essa exigência ao fazer da subjetividade a fonte única do ser, mas esse reconhecimento permaneceu abstrato. Nietzsche e Dostoiévski foram os únicos que compreenderam que a tarefa é propriamente sobre-humana, embora imponha-se a todos os homens. A autodivinização e a crucifixão que ela implica constituem a realidade imediata, o pão cotidiano de todos os pequenos burocratas petersburgueses que passam sem transição do universo medieval ao niilismo contemporâneo.

Trata-se de saber, com efeito, *quem* será o herdeiro, o filho único de Deus morto. Os filósofos idealistas pensam que basta responder "Eu", para resolver o problema. Mas o Eu não é um *objeto* contíguo a outros Eus objetos; está em relação dialética com o Outro e não pode ser considerado fora dessa relação. É, portanto, essa relação que vem forçosamente envenenar o esforço para substituir-se ao Deus da Bíblia. A divindade não pode pertencer nem ao Eu, tampouco ao Outro; é perpetuamente disputada pelo Eu e pelo Outro; é essa divindade problemática que inunda de metafísica subterrânea a sexualidade, a ambição, a literatura; em suma, todas as relações intersubjetivas.

Não podemos mais ignorar os efeitos do envenenamento metafísico, pois eles agravam-se sem cessar. Esses efeitos podem ser sentidos, de forma oculta, mas reconhecível, bem antes dos séculos XX e XIX. Talvez devamos buscar os primeiros traços de nossa doença na origem mesma da era individualista, nessa moral da *generosidade* que se desenvolve na mesma época de Descartes, o primeiro filósofo do individualismo, e de Corneille, seu primeiro dramaturgo. Lucien Goldmann notou com razão que Descartes não pode justificar racionalmente sua regra da generosidade, pois não pode deduzi-la do *cogito*.[6]

É significativo que o individualismo racionalista e a moral irracional da generosidade apareçam conjuntamente. Se consideramos essa "generosidade" à luz de *Os Possessos*, veremos talvez o começo de uma dialética "do subsolo" cujos momentos, que correspondem às metamorfoses da moral e da sensibilidade, sucedem-se até a época contemporânea.

O Eu, cuja vocação é divinizar-se, recusa reconhecer o problema temível que lhe põe a presença do outro; nem por isso deixa de tentar resolver esse problema no plano prático, aquém da reflexão filosófica. Nos primeiros estágios da dialética, o Eu sente-se bastante forte para triunfar sobre seus rivais. Mas ainda lhe falta provar sua superioridade para si mesmo. Para que a prova de que necessita seja satisfatória a seus próprios olhos, é preciso que a rivalidade seja leal. A solução que se impõe é evidentemente a generosidade. É preciso respeitar as regras do *fair play*

---

[6] *Médiations* 3, Paris, 1961, p. 167.

e conseguir que o Outro também as respeite, a fim de que vencedor e vencido sejam claramente estabelecidos. "O interesse geral" é alegado sempre, pois é preciso dissimular o objetivo egoísta dessa manobra. A moral da generosidade é aliás muito menos "subterrânea" que as que se lhe sucederão, mas já é subterrânea porque nela o Eu impõe-se a si mesmo o regime da *prova*. Ele crê realmente em sua própria divindade, ou seja, em sua superioridade sobre o outro, mas não o crê suficientemente para dispensar uma demonstração concreta: precisa certificar-se.

A passagem da "generosidade" cartesiana à "sensibilidade" pré-romântica está associada a um sério agravamento do conflito das consciências. O Eu é incapaz de reduzir o Outro, todos os Outros, à escravidão. A "divindade" que, durante o primeiro século do individualismo, manteve-se mais ou menos solidamente ancorada no Eu, tende, a partir de então, a deslocar-se para o Outro. Para evitar a catástrofe, aliás iminente, o Eu esforça-se por conviver com seus rivais. Não renuncia ao individualismo, porém se esforça por neutralizar suas consequências. Tenta assinar um pacto de não agressão metafísica com o Outro. No final do século XVIII, os homens lançavam-se todos nos braços uns dos outros, como para retardar o grande furor da Revolução e o triunfo da livre concorrência; mas essa ternura é de origem puramente egoísta, e não tem nada a ver com o verdadeiro amor.

A "generosidade" corneliana tem um quê de histeria. Não é de espantar que o sadismo e o masoquismo triunfem, então, na literatura. Os contemporâneos raramente tiveram consciência do que se passava porque participavam na dialética. Um Diderot extasia-se, por exemplo, com a "nobreza" e a "delicadeza" dos personagens de Richardson. A distância entre a interpretação e a significação objetiva da obra lembra a que observamos em *Humilhados e Ofendidos*.

É no final do século XVIII que o cristianismo, simplesmente negado pelos filósofos, reaparece, invertido, no subterrâneo. É então que espalha-se, pela primeira vez, o "maniqueísmo" romanesco do qual somente os maiores escritores estarão isentos. A literatura torna-se "subjetiva" e "objetiva"; as duplicações subterrâneas multiplicam-se. Um pouco mais tarde, o próprio Duplo, cuja presença corresponde a um paroxismo do dilaceramento entre o Eu e o Outro, faz sua aparição entre os escritores mais angustiados. A literatura é mobilizada no conflito entre o Eu e o Outro; passa a desempenhar o papel justificador que conhecemos ainda em nossos dias. Rousseau afirma que se apresentará armado com *As Confissões* no tribunal supremo...

Pouco antes de sua ruptura definitiva com Dostoiévski, o crítico Bielínski escreveu a um amigo: "Acabo de ler *As confissões* de Rousseau e fui tomado de uma enorme repugnância por este senhor, que se assemelha muito a Dostoiévski, cuja convicção é que todo o gênero humano inveja-o e persegue-o".

O autor tira dela consequências injustas, mas há uma verdade profunda nessa leitura. A lucidez do Dostoiévski genial não foi dada, mas conquistada, e compreendemos que essa conquista não era absolutamente necessária, que ela é quase miraculosa. De fato, basta reconhecer que a obra de Rousseau reflete, sem jamais revelá-las, obsessões semelhantes às do escritor russo. A obra-prima do "sonho da vida a três" é *A Nova Heloísa*: o romance põe em jogo os mesmos elementos que *Humilhados e Ofendidos* e deve ser lido, também, à luz de *O Eterno Marido*. Em Rousseau, como em Dostoiévski, a obsessão da inferioridade sexual arrasta o Eu para a rivalidade, mas ao mesmo tempo interdita-lhe mergulhar a fundo nela; a fraternização exaltada do Outro dissimula mais ou menos esse conflito, mas não pode suprimi-lo. A nova Heloísa de Kuznetzk é menos elegante, menos harmoniosa, mais áspera que a de Clarens, mas não é menos "sentida".

Ainda que remonte a Rousseau, a retórica de *Humilhados e Ofendidos* não se superpõe a uma experiência que pudesse ter sido antes apreendida em sua verdade nua e crua. Retórica e experiência são a mesma coisa. É isto precisamente o que nos revela a correspondência siberiana. O romantismo do primeiro Dostoiévski não deve ser concebido como um simples erro literário facilmente corrigido no dia em que o escritor enfim descobre "seu caminho". Aliás, não há caminho; ninguém transitou por ali. Rousseau jamais escreveu o equivalente de *O Eterno Marido*; o romantismo francês possui suas *Confissões de um Filho do Século*, mas espera ainda suas *Memórias do Subsolo*. A obra genial de Dostoiévski é a parcela de verdade que surge subitamente sobre um fundo imenso de mentira. O primeiro Dostoiévski mente para si mesmo, não há dúvida, mas a mentira que repete é sugerida por todas as obras da moda, as conversações mundanas e quase a própria natureza. Esse primeiro Dostoiévski tenta viver suas relações consigo mesmo e com o outro no mesmo nível de consciência que as pessoas cultivadas que o rodeiam. Aliás é porque não o consegue que é um mau romântico, e que carrega em si a possibilidade de um destino verdadeiramente excepcional. Dostoiévski não é mau romântico porque lhe falte a essência do romantismo mas, ao contrário, porque a possui em superabundância, porque está sempre prestes a precipitar-se na loucura ou no gênio. Concebe-se a si mesmo como o *duplo* caricatural dos escritores convenientes e conceituados *à la* Turguiêniev, ou seja, de todos os bons discípulos do romantismo ocidental. As contradições que definem o romantismo são nele muito violentas para mantê-las distantes. Nas *Memórias*, o herói do subsolo descreve o mecanismo desse fracasso e assimila seu caso ao de todo o romantismo russo. O russo, escreve, é incapaz de sustentar até o fim a pose do "belo e do sublime", mostrando sempre um pouco dessa metade sórdida de si mesmo que convém esconder. Acaba sempre, como um verdadeiro mujique, por cometer alguma falta de gosto, alguma enorme bufonaria que destrói a dignidade e a solenidade de seu próprio teatro.

A imitação russa dos modelos europeus é sempre um pouco forçada, está sempre prestes a cair na paródia. Os russos, então, não têm outra escolha senão os artifícios literários mais grosseiros e o realismo genial. É um fato que os grandes românticos russos sempre demonstraram, perante suas próprias tendências literárias e espirituais, uma clarividência raríssima entre seus análogos ocidentais. Púshkin escreveu *Eugênio Oneguin*; Gógol, *Almas Mortas*; Lérmontov, *Um Herói do Nosso Tempo*; Dostoiévski, enfim, o mais desequilibrado de todos, é sem dúvida também o mais genial. O conflito intersubjetivo toma nele uma forma tão aguda que nenhum dos momentos da dialética do subsolo consegue obscurecê-lo muito tempo; jamais, por conseguinte, o escritor dispõe do mínimo de equilíbrio e de estabilidade necessários à criação de uma obra de talento.

A Rússia de 1840 está em certo "atraso" em relação à Europa; confunde, de maneira muito significativa, o romanesco barroco, a sensibilidade rousseauniana, o *Sturm und Drang*, o romantismo de 1830. O jovem Dostoiévski devora, sem ordem alguma, *Os Bandidos* de Schiller, *Nossa Senhora de Paris, Chatterton*, Lamartine, Byron e... Corneille. Esta última escolha surpreende apenas porque estamos habituados a distinguir cuidadosamente os diversos períodos de nossa história literária. Do menino que teria declarado, aos seis anos, "quero ser deus", passamos sem dificuldade ao adolescente que declama: "Sou o senhor de mim mesmo e do universo". Esse mesmo adolescente escrevia a seu irmão Mikhail: "E Corneille? Você leu *O Cid*? Leia, miserável, leia e caia de joelhos diante de Corneille. Você o ofendeu".

É notável que Dostoiévski tenha percorrido, da adolescência à velhice, todos os momentos de uma dialética que ocupa três séculos na Europa ocidental. Aliás, essa prodigiosa consumação dos mitos individualistas confirma a unidade da sensibilidade moderna. Se, a partir de *Memórias do Subsolo*, Dostoiévski ultrapassa, descrevendo-as, as modalidades propriamente românticas do individualismo, as novas modalidades, e em particular a super-humanidade prometeica, começam a obcecá-lo. Em 1863, o escritor russo estava ainda com trinta, cinquenta, ou mesmo cem anos de atraso perante seus homólogos alemães ou franceses; em poucos anos, irá igualar e ultrapassar todo mundo, pois terá rejeitado o mito do super-homem antes mesmo que este tomasse conta das imaginações ocidentais.

*

Algumas vezes lemos que o preconceito religioso falseou o sentido de *Os Possessos* e que o romancista não escaparia ao niilismo se permanecesse fiel a suas melhores intuições. Há nisto um duplo erro. O primeiro consiste em separar o simbolismo cristão da estrutura romanesca. Já vimos que esse simbolismo convém às verdades arduamente extraídas do subterrâneo psicológico; elas organizam-se ao seu contato e descobrem nele uma forma adequada, sua forma estética natural, poderíamos dizer. Esse acordo entre o simbolismo e a psicologia é tanto mais notável porque esta, na ordem da criação dostoievskiana, é anterior àquele. O romancista não busca "ilustrar" os princípios da fé cristã; ele obedece ao dinamismo interno de sua própria criação.

O segundo erro consiste em acreditar que o recurso ao simbolismo cristão é incompatível com o niilismo. O acordo entre o simbolismo e a psicologia demonstra que a consciência moderna continua presa em uma "forma " cristã, mesmo quando se gaba de ter ultrapassado o cristianismo, mas não demonstra mais nada. O Dostoiévski de *Os Possessos* exorcizou definitivamente o racionalismo, o cientificismo e o mecanismo que triunfavam então na Europa inteira, mas não tem certeza de ter exorcizado o niilismo. Alguns críticos de Dostoiévski costumam precipitar o ritmo de sua evolução espiritual, seja porque desejam "cristianizar" superficialmente sua obra, seja, ao contrário, porque desejam descristianizá-la segundo seu próprio gosto. A obra de Dostoiévski é um meio de conhecimento, um instrumento de exploração; está portanto sempre à frente de seu criador; ela está à frente de sua inteligência e de sua fé. Dizer isto é repetir, aliás, que Dostoiévski é essencialmente romancista.

Da loucura dos Possessos e de seu fracasso, a escolha cristã pode ser deduzida. Porém, o que importa essa dedução em face da imensa liturgia do mal que se estende do início ao fim da obra? As platitudes do utilitarismo e do pragmatismo moderno estão definitivamente expulsas, mas a história parece abandonada às potências infernais.

É o triunfo de Satã que proclamam os Possessos. A crença na eficácia do demônio deveria ter em contrapartida uma crença mais firme ainda na eficácia da graça. Dostoiévski inquieta-se por não encontrar essa firmeza em si mesmo. O escritor se vê fascinado pelo mal e pergunta se nada de bom pode vir dessa fonte. Descobrir em tudo algo de Satã não é fazer o seu jogo, colaborar com sua obra de divisão, com mais eficácia, talvez, do que se atuasse sob o seu estandarte? *É possível crer no diabo sem crer em Deus?* Essa questão colocada por Stavróguin a Tíkhon conduz ao centro da obra; essa é a questão que se coloca o próprio Dostoiévski.

Lebedeff, em *O Idiota,* é um ser fraco e covarde, mas é também um intérprete do *Apocalipse,* embriagado de pessimismo profético. Aplica de maneira surpreendente o texto sagrado aos acontecimentos contemporâneos. Tem discípulos, entre outros um tranquilo general aposentado que acaba de morrer. À ideia de que suas lições contribuíram de alguma forma para essa morte, o professor experimenta uma grande satisfação.

Lebedeff não passa de um bufão, mas suas bufonarias fazem parte do exame de consciência que o romancista realiza, através de personagens interpostos, em todas suas grandes obras. *O Idiota* revela um tipo de preocupação desenvolvido em *Os Possessos*, ou seja, na obra de Dostoiévski mais marcada pelo espírito apocalíptico e o pessimismo profético. O criador pergunta-se se não põe algo de impuro em sua própria indignação e se o ardente, o eterno desejo que experimentamos todos de justificar-nos não se manifesta aqui sob uma nova forma. Devemos ver nessa inquietude uma prova a mais do caráter profundamente dialético da criação dostoievskiana.

Para encontrar essa dialética não podemos forçar o sentido da obra, seja para um ceticismo, seja para uma fé monolítica e *a priori* que seria, talvez, o contrário da fé. Temos que seguir, em seu caminho para Cristo, o progresso dessa consciência religiosa terrivelmente exigente, que não se pode satisfazer com meias-medidas, tampouco com falsas aparências.

É Chatov, em *Os Possessos*, que mais se assemelha a seu criador, por sua atitude política e religiosa, por seu caráter, e mesmo por seu aspecto físico. Chatov é um homem sem jeito e grosseiro, mas honesto. Reconhecemos nas teorias eslavófilas e ortodoxas desse revolucionário arrependido a ideologia que defendia o romancista em seu *Diário de um Escritor*. A mulher de Chatov viveu com Stavróguin, porém voltou para seu marido e deu à luz uma criança. Chatov está às vésperas de ser assassinado por seus antigos amigos políticos; sua felicidade traz um eco da felicidade e da paz que Dostoiévski enfim conheceu em sua vida de família, depois de seu segundo casamento.

Quando Stavróguin pergunta-lhe se crê em Deus, Chatov não reponde diretamente. Ele crê "na Rússia ortodoxa", no "Cristo russo", crê que "é na Rússia que se dará Seu segundo Advento...". Jamais afirma que não crê em Deus; muito menos ousa dizer que um dia acreditará. Antes de afirmar, como se faz às vezes, que as "confissões" de Chatov contradizem a "mensagem" do romance, convém precisar a natureza dessa mensagem.

A ideia de Chatov, como todas as ideias dos *Possessos*, foi semeada por Stavróguin. Isso significa que ela ainda é tributária desse niilismo que pretende combater. Ela não é a tradição mas a ideologia da tradição. O niilismo é a fonte de todas as ideologias, pois é a fonte de todas as divisões e de todas as oposições subterrâneas. É justamente por isso que as ideias que Stavróguin espalha à sua volta contradizem-se umas às outras. Chatov é contra o ocidentalismo, contra a Revolução, contra seus antigos amigos. O credo eslavófilo pretende-se totalmente positivo, mas, apesar das aparências, o *contra* precede nele a *afirmação* e a determina.

As "confissões" de Chatov não revelam uma "descrença" que seria imutável e subjacente à sua crença, à maneira como o inconsciente é subjacente à consciência, elas encarnam um momento da dialética espiritual dostoievskiana. A "ideia" eslavófila, em determinado nível, ao menos, está tão distante de Cristo quanto poderia estar, na França, a ideologia da Restauração ou *O Gênio do Cristianismo*.[7] Essa descoberta é uma etapa necessária no caminho do autêntico cristianismo.

Se o racionalista, o "homem do palácio de cristal", pudesse compreender que a forma judaico-cristã tem nele raízes muito mais profundas que sua própria negação, inclinar-se-ia, sem dúvida, perante o mistério. O niilista é de outra têmpera. A visão de *Os Possessos* não é mais compatível, certamente, com certas refutações grosseiras do cristianismo, mas ela constata o fracasso trágico dessa religião; pode, portanto, conduzir a uma inquirição mais severa que todas as críticas do passado.

O engenheiro Kirilov enfrenta a questão. Todo o mal, no seu entender, vem do desejo de imortalidade que o Cristo insensatamente despertou na humanidade. É esse desejo, para sempre insatisfeito, que desequilibra a existência humana, engendrando o subterrâneo. É esse desejo que Kirilov quer aniquilar de um só golpe com seu suicídio filosófico. Ele não se matará por desespero de não ser imortal, como tantos outros, mas para possuir o infinito de sua liberdade na aceitação total da finitude. Como Raskólnikov, Kirilov é um herói nietzschiano que espera sobrepujar o subterrâneo graças a um orgulho o mais puro e grande que se possa conceber. É o mesmo conflito que em *Crime e Castigo*, mas tanto o niilismo quanto o cristianismo aumentaram muito. Poderíamos dizer que eles alimentam-se um ao outro. Kirilov não busca mais o

---

[7] Referência ao livro de Chateaubriand (1768-1848), publicado em 1802. Na França pós-revolucionária e anticlerical, sua apologia à fé cristã conheceu grande êxito. (N. T.)

absoluto matando seu semelhante como fez Raskólnikov, porém matando-se a si mesmo.

Para compreender a "ideia" de Kirilov, temos que reconhecer uma forma superior dessa redenção às avessas que buscam mais ou menos conscientemente todos os discípulos de Stavróguin. A morte desse possesso deve por um fim à era cristã; ela queria ser a um só tempo muito semelhante e radicalmente diferente da paixão. Kirilov está tão convencido da eficácia metafísica de seu gesto que toda publicidade lhe é indiferente: *Quidquid latet apparebit...*[8] Ele não imita o Cristo, mas o parodia; não quer colaborar com a obra redentora, porém corrigi-la. A ambivalência subterrânea é aqui levada ao supremo grau de intensidade e de significação espiritual; o rival que é tão venerado quanto odiado é o próprio Redentor. À humilde imitação de Jesus Cristo contrapõe-se a imitação orgulhosa e satânica dos Possessos. É a essência mesma do subsolo que é enfim revelada.

---

[8] Verso do hino *Dies Irae* (Dias da Ira), composto por Tomás de Celano, frade italiano que viveu no século XIII. O verso citado pode ser assim traduzido: "O oculto se revelará". (N. T.)

capítulo 4
ressurreição

O episódio de Chatov inicia uma superação da ideologia eslavófila, e o episódio de Kirilov, uma superação do niilismo que encontrarão ambas seu acabamento em *Os Irmãos Karamazov*. A serenidade desse último romance não aparece nem um pouco em *Os Possessos*. O espírito de Stavróguin infunde-se nas caricaturas vingativas que povoam a narrativa: a do professor Vierkhovênski ou a do escritor Karmazinov, no qual não é difícil ver Turguiêniev, o eterno inimigo literário. Os rancores acumulados no início de sua vida literária voltam à superfície. Algumas afirmativas dos possessos vêm do próprio Bielínski e podem ser encontradas em sua correspondência. O crítico declarava-se disposto, por exemplo, "a fim de tornar feliz ao menos uma parte da humanidade, a destruir o restante pelo ferro e pelo fogo". Professava um ateísmo radical: "Não vejo nas palavras Deus, religião, nada além de obscurantismo, trevas, cadeias e flagelos", escrevia a Herzen em 1845. Fiódor Mikháilovitch, embora horrorizado por seus ataques contra o Cristo, foi profundamente marcado por seu messianismo social.

O romance retira sua intriga de acontecimentos contemporâneos e deve sua parte mais substancial às recordações do círculo Pietrachévski, mas é todo ele dirigido contra o homem que domina, durante longos anos, a existência de Dostoiévski. Não há dúvida de que o jovem escritor transfere para Bielínski, o redentor, o homem que o fizera passar do nada ao ser, os sentimentos filiais jamais manifestos ao pai. Depois da ruptura com o grupo de Turguiêniev, Dostoiévski continua, por algum tempo, a frequentar Bielínski, mas o crítico, como vimos, acabou, também ele, repudiando seu antigo protegido, condenando todos os escritos posteriores a *Gente Pobre* e chegou mesmo a renegar os elogios tão imprudentemente tecidos sobre a primeira obra. Eis, por exemplo, o que escreveu para um amigo sobre o Dostoiévski de *A Senhoria*: "É a pior das inépcias! (...) Cada uma de suas novas obras é uma nova queda (...). Enganamo-nos redondamente com o gênio de Dostoiévski (...). Eu, o primeiro dos críticos, me comportei como um asno".

Com sua mistura de verdade e de mentira, de lucidez e de orgulho ingênuo, a carta é ela mesma subterrânea. Depois de ter conferido ao jovem escritor a plenitude da existência, Bielínski repudia seu filho indigno e o arremessa ao nada. A partir desse momento, Dostoiévski experimenta pelo crítico uma mistura de veneração e de ódio tipicamente do mundo do subsolo. Se ele passa a frequentar *verdadeiros* revolucionários, não é por uma convicção refletida, é para rivalizar no fervor militante com o modelo inacessível. No círculo Pietrachévski onde se conspirava com vigor, embora abstratamente, sobressaía-se pelo extremismo das opiniões. Passava então por ser um homem "capaz de liderar uma rebelião brandindo uma bandeira vermelha". Declara-se, um dia, a favor de uma revolta armada dos camponeses russos.

Mas a obra literária não apresenta, por assim dizer, nenhum eco desse furor político. A censura não basta para explicar esse silêncio. Em 1848, Dostoiévski publica *Um Coração Fraco* e *Noites Brancas*. Ora, a angústia que aparece nessas obras não tem nada a ver com os movimentos revolucionários que agitam a Europa e provocam o entusiasmo da *intelligentzia* russa. Dostoiévski leva então uma existência dupla; todo o lado ideológico do seu ser é uma imitação de Bielínski; sua vida pública resulta de um verdadeiro sortilégio.

Em 15 de abril de 1849, Dostoiévski faz a leitura, no círculo Pietrachévski, de uma carta sediciosa de Bielínski para Gógol. O futuro denunciante do círculo estava presente e acusará Dostoiévski, mais tarde, de ter posto nessa leitura uma paixão e uma convicção extraordinárias. Dostoiévski, por sua vez, negará sinceramente ter aprovado o texto da carta, mas os argumentos que invoca não são convincentes:

> O homem que me denunciou poderá dizer a qual dos dois correspondentes eu me identificava?... [Bielínski ou Gógol]. Agora, peço-lhes que considerem as seguintes particularidades: teria eu lido o artigo de um homem com quem briguei por uma questão de ideias (não é nenhum mistério; muitas pessoas sabem disto), apresentando-o como um breviário, como uma fórmula que todos deveriam seguir?... Li esforçando-me em não marcar nenhuma preferência por um ou por outro dos correspondentes...

O denunciante tinha todos os trunfos na mão. Por que introduziria em seu relatório uma mentira que só fazia enfraquecê-lo? Ele conta a verdade e pode-se ficar espantado, como Henri Troyat, ao ver Dostoiévski emprestar "sua voz e seu talento à prosa de um *inimigo*". Contudo, é ocioso procurar a explicação desse enigma no plano da ideologia. Bielínski é o rival metafísico, o monstruoso ídolo que Dostoiévski tenta em vão encarnar. Portanto, o ódio não é incompatível com a imitação apaixonada, na verdade é sua inevitável contrapartida. Os dois sentimentos só são contraditórios na aparência, ou melhor é no orgulho subterrâneo, como sempre, que devemos buscar a chave da contradição. Não é com a biografia de Dostoiévski que explicaremos sua obra, mas talvez consigamos, graças à obra, tornar a biografia de Dostoiévski verdadeiramente inteligível.

Depois de sair da prisão, Dostoiévski afasta-se, primeiro com hesitação, depois violentamente, da herança espiritual legada por Bielínski. Descobre, então, que as ideias revolucionárias que exibia e que foram responsáveis por sua condenação jamais tinham sido verdadeiramente *suas*. A ideologia de *Os Possessos* é inteiramente copiada e imitada: "A força mais importante, o cimento que une todo o conjunto, é a vergonha de ter uma opinião própria". O abandono da ideologia bielinskiana, como o abandono, na mesma época, da retórica sentimental e romântica, é fruto desse exame de consciência implacável a que devemos todas as grandes obras. Se Dostoiévski não revela toda a verdade, certamente esclarece *sua* verdade quando relaciona o comportamento revolucionário com os prestígios exercidos por um sedutor irresistível e não com uma autêntica paixão pela liberdade.

Os sentimentos que Bielínski inspira em seu jovem admirador foram dilacerantes desde o princípio. Deixando-se "adotar" pelo pensador cosmopolita, revolucionário e ateu, Dostoiévski tinha forçosamente a impressão de trair a memória de seu pai. Este ficaria horrorizado com as ideias de Bielínski. A influência do crítico reforçava o sentimento de culpa do filho em relação ao pai.

Cada vez que o incitava a insurgir-se, mesmo em pensamento, contra a tradição nacional e religiosa, ou contra a tradição paterna, o mestre aparecia para o discípulo como o instigador de um novo *parricídio*. A associação entre Bielínski e o parricídio é ainda intensificada pelo caráter blasfematório que toma, na Rússia czarista, todo atentado, e mesmo todo pensamento de atentado, contra a pessoa do monarca, pai de todo o povo.

Tratamos acima das duplicações sexuais e sentimentais: tudo é tributário da duplicação essencial que recobre o tema do *parricídio*. As alusões a esse tema multiplicam-se a partir de *A Senhoria*. Múrin, o velho enigmático, o rival de Ordinov, assassinou os pais da jovem mulher que tem em seu poder. Esta é portanto cúmplice. *Niétotchka Niezvánova* é particularmente rica em elementos psicopatológicos não dominados. O sonho que finaliza uma das partes do romance é um texto capital em que se cruzam todos os elementos do drama dostoievskiano.

Em primeiro lugar, é a mãe de Niétotchka que desempenha o papel do pai de Dostoiévski. Niétotchka não gosta dessa mulher rude e austera, cujos infortúnios tinham-na tornado ainda mais triste, mas ela adora seu pai, violinista, incapaz e boêmio. A mãe adoece e morre, de miséria, de esgotamento, sobretudo, de falta de afeto. O pai e a filha fogem juntos, como dois cúmplices, mas o pai também morre e Niétotchka é recolhida por uma família muito rica. Uma noite, em sonho, ela pensa ouvir novamente a música lancinante e maravilhosa que seu pai tocara na noite em que sua mãe morreu; abre a porta; encontra-se em um salão imenso, luminoso e acolhedor, no meio de uma multidão reunida para ouvir o músico. Niétotchka encaminha-se lentamente para este, que olha para ela, sorrindo. Contudo, no momento em que a toma nos braços, ela percebe, horrorizada, que o homem não é seu pai, mas seu *duplo* e seu assassino.

A entrada no grupo de Bielínski foi, para Dostoiévski, o que para sua heroína foi a entrada no salão de concerto. Mas, como o de Niétotchka, seu êxtase tem curta duração e essa entrada será também compensada com o dobro de angústia.

Menos de um ano depois do rompimento definitivo com Dostoiévski, Bielínski morreu. Não sabemos ao certo quando começaram as crises de epilepsia, ou de pseudoepilepsia, de que o escritor sofreria pelo resto da vida, mas as duas primeiras de que temos notícia aconteceram, a primeira, pouco tempo depois do assassinato do pai, durante a passagem de um cortejo fúnebre que trouxe à sua lembrança o acontecimento trágico profundamente enterrado na memória, e a segunda quando soube da morte de Bielínski. O círculo do fracasso que então se fecha sobre Dostoiévski é portanto, em sua essência original, o círculo do parricídio. O escritor não estava talvez totalmente enganado ao dizer que seus quatro anos de prisão salvaram-no da demência.

Há aqui como que uma fatalidade do parricídio. O revoltado arremete-se contra Bielínski para desembaraçar-se de seu pai, mas logo torna a cair na paternidade e no parricídio. Bielínski torna-se o duplo do pai, Spiéshniev o *duplo* de Bielínski, etc. Todos os esforços para libertar-se só fazem repetir e fechar o ciclo original. Meditar sobre as relações entre pai e filho significa meditar, uma vez mais, sobre a estrutura subterrânea, sobre as relações com o rival odiado que é igualmente o modelo venerado, isto é, trata-se de apreender essa estrutura em um nível verdadeiramente original. Não há então um "tema do pai" que se acrescentaria aos temas anteriores: há uma retomada e um aprofundamento de todos esses temas. Chegamos, enfim, ao ponto mais doloroso, ao lugar que fundamenta todas as manifestações mórbidas, ao objeto que todos os mecanismos subterrâneos procuram dissimular.

Em *O Adolescente* o problema do subsolo e o problema do pai começam a se reunir. Arcádi, filho não reconhecido do nobre Viersilov e de uma serva, Sofia, sofre por não pertencer de pleno direito à família de seu pai, mas não pode rejeitar o veredito que o atormenta. Assim como Dmítri, em *Os Irmãos Karamazov*, torna-se rival de seu pai na paixão por Grúchenka, Arcádi disputa com Viersilov o objeto de seus desejos, a generala Achmakóva; mas não é esta o verdadeiro objeto da rivalidade, é sua mãe, Sofia, a *sabedoria*, simbolicamente despedaçada e desdobrada por esse conflito subterrâneo. Os últimos sonhos da "vida a três" que descreveu o escritor são também, e em todos os sentidos do termo, os primeiros.

A bastardia é a consagração legal e social de uma separação na união e de uma união na separação que caracteriza a relação do pai e do filho, mesmo legítima; a bastardia pode, então, simbolizar tanto essa relação quanto toda a vida subterrânea que é fruto dessa relação. Reencontraremos esse símbolo em Sartre.

Segundo as circunstâncias ou o humor do momento, Viersilov pode se conduzir como herói ou como patife.

Arcádi descobre, por exemplo, que ele mantém relações com uma jovem desconhecida e sem recursos que oferece aulas particulares através dos jornais. Pouco tempo depois, a jovem enforca-se. Arcádi, convencido da perversidade de Viersilov, faz alusão ao acontecido diante deste, que, longe de perturbar-se, deplora que o orgulho da jovem tenha impedido que aceitasse sua ajuda. Arcádi que desprezava Viersilov com toda sua alma pergunta-se, então, se não deve admirá-lo. Seus sentimentos por Viersilov são sempre extremos. Mostra, certamente, ambivalência subterrânea, mas essa ambivalência é de certa forma justificada pela dupla natureza do pai. O desdobramento objetivo, como sempre, confirma, encoraja e agrava o desdobramento subjetivo. O pai, ser duplo, transmite a seu filho esse desdobramento.

Viersilov contém em si Míshkin e Stavróguin. Esses dois personagens, vistos na perspectiva de *O Adolescente,* encarnariam uma nova tentação individualista, um novo esforço, por parte do escritor, para fazer prevalecer uma *metade* da consciência subterrânea pela exclusão da outra. *O Idiota* e *Os Possessos* não estão isentos de "maniqueísmo", pois Míshkin e Stavróguin têm, nesses dois romances, existências separadas. Em *O Adolescente,* ao contrário, os dois personagens só existem um em função do outro, salvo do ponto de vista de Arcádi que se pergunta sempre se seu pai é totalmente bom ou totalmente mau; mas a visão de Arcádi, precisamente, não tem nenhuma estabilidade. As questões que Arcádi se coloca são as que interessaram ao próprio Dostoiévski nas obras anteriores. Essas questões, Dostoiévski não as coloca mais. Ele as responde. Em Viersilov, Míshkin e Stavróguin estão justapostos; isso quer dizer que Viersilov não é nem um nem outro desses personagens. É talvez a vítima do diabo, mas ele mesmo não é nem diabo, tampouco deus. À medida que Dostoiévski remonta a seu próprio passado, o caráter ilusório da metafísica subterrânea é cada vez mais explícito.

Em *O Adolescente*, Dostoiévski aborda o problema do pai, mas não aborda o problema do *seu* pai. Por mais concreta que seja esta obra em relação às precedentes, permanece abstrata quando comparada a *Os Irmãos Karamazov*. Viersilov é um aristocrata, um intelectual, um ocidentalista; representa ainda o aspecto Bielínski da experiência dostoievskiana; essa existência continua ainda desdobrada em um plano primordial; a outra metade, o lado do pai, está muito presente em *O Adolescente*, mas sob a forma idealizada do pai *adotivo*, Macar Dolguruki, o *errante* místico. Há nisto uma inversão de pais e diversos fenômenos de transposição "maniqueísta" que permitem evitar o fundo do problema e que sugerem os terríveis obstáculos interiores que o escritor deve ainda enfrentar.

O aspecto paternal do problema subterrâneo que ainda está no fundo em *O Adolescente* passa ao primeiro plano em *Os Irmãos Karamazov*. É sobre a memória de Mikhail Andriéievitch Dostoiévski, o homem assassinado por seus servos, que a obra-prima do autor repousa por inteiro. O pai do escritor era aliás muito diferente, sob certos aspectos, do velho Karamazov; jamais, por exemplo, negligenciou a educação dos filhos; não devemos ver, portanto, nesse velho sinistro e repugnante, um *retrato* do pai. Ademais, tal retrato não teria o mesmo valor de autopsicanálise que a criação romanesca. Não é o pai *em si*, é o pai *para o filho* que é revelado nessa obra.

A rivalidade do pai e do filho implica uma estreita semelhança. O filho deseja o que o pai deseja. O orgulho do pai opõe-se ao filho e, assim, fortifica-lhe o orgulho. O parricídio, crime do filho-escravo cometido contra um pai tirano, surge então como a tragédia subterrânea por excelência. Porque o pai e o filho são, em certo sentido, idênticos, o parricídio é ao mesmo tempo assassinato e suicídio; os dois crimes, na origem, não se diferenciam. Todos os assassinos e todos os suicidas dentre os heróis criados anteriormente unem-se nesse horror fundamental. O escritor está na fonte de todos seus pesadelos.

No fundo do ódio pelo Outro está o ódio pelo próprio Eu. Além das oposições subterrâneas, está a identidade que as funda, a identidade do pai e do filho. O pai é odiado enquanto Outro, e, mais profundamente ainda, é objeto de vergonha enquanto Eu. Essa vergonha já pode ser identificada em Chatov, de *Os Possessos*, e em Arcádi, de *O Adolescente*. Contudo, seu objeto preciso sempre se esquiva; é preciso esperar *Os Irmãos Karamazov* para que esse objeto apareça verdadeiramente e para que a vergonha perca, no mesmo momento, sua nocividade. O papel essencial, mas secreto, que movia esse sentimento até agora vai desaparecer; nada inclinará mais a obra no sentido da derisão e do sarcasmo.

A vergonha de que é objeto o pai estende-se à tradição russa, ao próprio *ser* nacional. O primeiro Dostoiévski precipita-se no ocidentalismo para esquecer seu pai e a herança paterna. A atitude ocidentalista é associada ao parricídio; é exatamente por isso que o Dostoiévski posterior sempre verá nela uma verdadeira traição. Crê descobrir entre os aristocratas e intelectuais reformistas um desejo de esquecer os costumes, a cultura, a própria língua da Rússia, um desejo de desembaraçar-se de si mesmo, em suma, para tornar-se Outro. Esse desejo místico surge evidentemente da idolatria subterrânea e é no próprio Dostoiévski que é mais intenso. O romancista "projeta", uma vez mais, seus próprios sentimentos em seu meio, transformando suas obsessões em um sistema de interpretação universal. Isto não quer dizer, aliás, que sua perspectiva seja maligna; talvez conhecesse melhor seus semelhantes do que eles mesmos; não é ele o homem, com efeito, *que leva em sua vida até o fim aquilo que não ousamos levar nem até a metade?*

Dostoiévski sentiu-se rejeitado pelos ocidentalistas; não conseguiu tornar-se um deles; não conseguiu fazer-se inocente; por isso, depois de ter negado a culpabilidade na revolta, deixa-se tomar e invadir por ela. E vai colocar na defesa da herança paterna tanto ardor quanto colocou antes em atacá-la. Mas, se sente surgir em si o mujique quando entra no salão de Turguiêniev, não pode contemplar um verdadeiro mujique sem voltar a ser o citadino, o intelectual cosmopolita que jurou não ser.

Nas obras do período eslavófilo, a exaltação ruidosa de tudo o que é russo encobre um secreto desprezo. A miséria, a cobiça, a desordem e a impotência são percebidas como atributos do ser russo, ou seja, do próprio ser dostoievskiano. Em *O Jogador*, por exemplo, não é difícil constatar que as deficiências atribuídas por Dostoiévski ao povo russo retornam em sua paixão pelo jogo, assim como nas perdas que sofre. Certas passagens sugerem um "complexo" muito semelhante ao que certos intelectuais de "países subdesenvolvidos" são vítimas hoje:

> Ao longo da história, a faculdade de adquirir capital entrou no catecismo das virtudes e méritos do homem ocidental civilizado; talvez tenha se tornado mesmo seu principal artigo. Enquanto o russo não apenas é incapaz de adquirir capital, como gasta-o a torto e a direito, sem o menor sentido das conveniências.

De qualquer maneira, nós os russos também temos necessidade de dinheiro... Em consequência, somos ávidos por procedimentos tais como a roleta, onde se pode fazer fortuna subitamente, em duas horas, sem trabalhar. Isto nos fascina; e como jogamos a torto e a direito, sem descanso, perdemos.

A oposição Europa-Rússia liga-se à oposição do senhor e do escravo; e o Dostoiévski dessa época não percebe, como já o faz em outros domínios, a natureza dialética dessa oposição; pelo contrário, tende, do fundo de si mesmo, a atribuir-lhe fixidez e rigidez de uma *essência*. Esse Dostoiévski não é mais reacionário nem eslavófilo, em profundidade, do que o Dostoiévski de 1848 era revolucionário e ocidentalista. Não devemos confundir o escritor, nem sobretudo seu gênio, com as oscilações do pêndulo subterrâneo. É justamente por isso que todas as interpretações que se fundamentam sobre a ideologia permanecem superficiais, ou seja, permanecem prisioneiras de oposições estéreis engendradas pelo conflito entre o Outro e o Eu. O duplo extremismo ideológico de Dostoiévski é um exemplo dessa amplidão definidora do indivíduo moderno.

Dostoiévski não pode aderir permanentemente a nada. Temos que compreender que todas essas adesões são negativas; ele é russo, mas contra o Ocidente; é proletário, mas contra os ricos; é culpado, mas contra os inocentes. É um estrangeiro em todos os lugares, estrangeiro à vida russa, da qual o separa sua vocação intelectual e de artista bem como a lembrança do pai; estrangeiro à *intelligentzia* cosmopolita que forma, com suas leis, com seus preconceitos, sobretudo, uma outra sociedade, na qual os Karmazinov não se sentem menos à vontade que os mujiques em suas isbás. Dostoiévski não se sente à vontade em lugar algum. Será sempre um falso mujique e um falso intelectual. O *utchitel* é dentre os seus heróis o que mais se lhe assemelha. Esse personagem, com efeito, é duplamente alienado, duplamente espoliado; servo intelectual de aristocratas desarraigados, vive à margem de um meio que, por sua vez, vive à margem da vida nacional.

Onde quer que esteja Fiódor Mikháilovitch sente-se o excluído, o pária, aquele que jamais é convidado, aquele que é posto para fora por quem teve a infelicidade de convidá-lo. Não é de duvidar, aliás, que Fiódor Mikháilovitch faça o possível para provocar em seus anfitriões, sobretudo no mais respeitável dentre eles, um extremo desejo de lançá-lo para fora. No fundo de si mesmo, todas as decisões de expulsão, todas as Sibérias reais e imaginárias, parecem-lhe perfeitamente justificadas, pois sua alma permanece cheia de vergonha e remorso.

Vergonha de ser russo, vergonha de ser o filho de seu pai, vergonha de ser Fiódor Mikháilovitch Dostoiévski, é toda essa vergonha acumulada que se areja, ventila e dissipa ao sopro forte dos *Karamazov*. Em um homem apaixonado pela verdade, o perdão e a absolvição verdadeiros são incompatíveis com a mentira. É porque não ousara, até esse momento, olhar o pai face a face que o filho abraçara-o tão estreitamente. É preciso agora olhar tudo, é preciso admitir a culpabilidade do pai, depois de ter admitido sua própria culpabilidade; é preciso reconhecer que a indignidade do filho enquanto filho está ligada à indignidade do pai enquanto pai: é preciso escrever *Os Irmãos Karamazov.*

Dessacralizar o pai, é verdadeiramente superar, desta vez, todas as formas de revolta, é superar, por conseguinte, a falsa superação constituída pela histeria eslavófila e pela exaltação reacionária. Nos últimos anos, a atitude do romancista perante Bielínski ameniza-se consideravelmente. Todos os críticos notaram isso; notaram, igualmente, uma mudança de atitude frente à Europa e aos movimentos reformistas. Concluiu-se então que o último Dostoiévski esboça um retorno ao ocidentalismo e às ideias de juventude. Mas este talvez seja um olhar excessivamente superficial. O famoso discurso sobre Púshkin repousa por inteiro sobre a ideia de uma síntese entre as correntes eslavófilas e ocidentalistas, ou seja sobre a superação de uma oposição que se revela secundária. Foi bem isto o que sentiram os auditores das duas facções quando caíram nos braços uns dos outros, momentaneamente unidos pela eloquência do orador. Púshkin, nesse discurso, é apresentado como um artista verdadeiramente universal, capaz de reconciliar em si o gênio de todos os povos. É mais espanhol que os espanhóis, mais inglês que os ingleses, mais alemão que os alemães. Faz-se tudo para todos, pois, no fundo, não é nada; é o artista universal; é o próprio Dostoiévski, um Dostoiévski que não tem mais vergonha, mas que reivindica, enfim, e que assume a fatalidade do desenraizamento.

Pode-se objetar que essa universalidade apresenta-se aqui como um fenômeno especificamente russo; a superação de que falamos não faz portanto senão reforçar, em definitivo, o pan-eslavismo do escritor. Isto é inegável e não pensamos em negá-lo. Há no último Dostoiévski uma mistura de particularismo e universalismo que os homens do século XX não podem ver sem desconfiança. Mas não é o valor absoluto da mensagem que nos interessa, é o lugar que lhe cabe na evolução global do romancista. Tudo indica que ele se dispõe a superar os modos de reflexão ideológicos. É lamentável que essa superação, ainda incompleta, chegue a formas mais inquietantes, talvez, que as do período estritamente eslavófilo; não é menos lamentável que a morte do autor tenha tornado essas fórmulas definitivas; o fato mesmo da superação permanece e é ele que nos interessa.

Os aspectos políticos dessa última ruptura são aliás secundários, pois é precisamente a política que Dostoiévski pretende deixar para trás; todos os desdobramentos da pseudorreflexão subterrânea estão a ponto de fundir-se na unidade de uma meditação religiosa chegada enfim à maturidade.

Que significa o fim da revolta para Dostoiévski? Significa a adesão definitiva e desta vez "sincera" aos valores do pai? Dostoiévski vence enfim onde outrora fracassara? Acreditamos, pelo contrário, que Dostoiévski renuncia aos valores do pai e a todos os outros valores de que seu orgulho forjara uma arma contra o Outro em outros momentos de sua existência. Não pode haver volta do filho pródigo no plano do pai terrestre. A revolta não é má porque rejeita este ou aquele valor, mas porque é tão capaz de rejeitar esses valores quanto de conservá-los. O pensamento parricida move-se de antítese em antítese sem jamais avançar um passo. Na busca do Outro absoluto, recai irresistivelmente no Mesmo. A revolta é dupla, equívoca e diabólica porque respeita aquilo que ataca e ataca aquilo que respeita. Mas é benéfica quando ataca os ídolos, ainda que extraia sua força de uma última e suprema idolatria. É benéfico não poder aderir a nada, nem mesmo à tradição russa, nem mesmo à *intelligentzia* cosmopolita. Se esta última lhe é insuportável, não é por ser desenraizada, mas por ser infiel, no fim das contas, à sua vocação de desenraizamento, porque encontra uma aparência de estabilidade no seio das contradições que deveriam conduzi-la até onde conduzem o próprio Dostoiévski: ao despedaçamento e à ruptura.

A revolta portanto é maléfica; é incapaz de levar o desenraizamento até o desapego, ou seja até a liberdade que vem de Cristo e que retorna para ele. É a essa liberdade que Dostoiévski enfim acede com a ajuda de Cristo em *Os Irmãos Karamazov:* e é essa liberdade que celebra na famosa *Lenda do Grande Inquisidor.*

A cena passa-se em Sevilha no final do século XV. O Cristo aparece em uma rua e a multidão reúne-se em torno dele. Contudo, o Grande Inquisidor passa por ali, observa o ajuntamento e manda prender o Cristo. Vem a noite, ele vai visitar o prisioneiro em sua cela e demonstra-lhe, em longo discurso, a loucura de sua "ideia".

"Quiseste fundar teu reino sobre essa liberdade que os homens odeiam e de que fugirão sempre em alguma idolatria, mesmo que a celebrem em palavras. Era preciso tornar os homens menos livres e tu os tornaste mais livres, multiplicando ao mesmo tempo os ídolos e os conflitos entre ídolos: destinaste a humanidade à violência, à miséria e à desordem."

O Inquisidor prevê que uma nova torre de Babel será erguida, mais monstruosa que a antiga e também destinada à destruição. O grande empreendimento prometeico, fruto da liberdade cristã, terminará no "canibalismo".

O Grande Inquisidor não ignora nada daquilo que o subterrâneo, isto é, Stavróguin e Kirilov ensinaram a

Dostoiévski. Os racionalistas vulgares não encontram nenhum traço de Cristo nem na alma individual, tampouco na história, mas o Inquisidor afirma que a divina encarnação fez com que tudo piorasse. Os quinze séculos transcorridos e os quatro séculos vindouros, dos quais ele profetiza o curso, estão aí para apoiar sua tese.

O Inquisidor não confunde a mensagem de Cristo com o câncer psicológico em que se transformou, ao contrário de Nietzsche e Freud. Portanto, não acusa Cristo de ter subestimado a natureza humana, mas de tê-la superestimado, de não ter compreendido que a impossível moral da caridade deveria forçosamente levar ao universo do masoquismo e da humilhação.

O Grande Inquisidor não tenta acabar com a idolatria através de um golpe metafísico, como Kirilov: quer curar o mal com o mal, fixando os homens em ídolos imutáveis, e, em particular, em uma concepção idolátrica de Cristo. D. H. Lawrence, em célebre artigo, acusou Dostoiévski de "perversidade" por ter colocado na boca de um mau inquisidor o que ele mesmo considerava a verdade sobre os homens e o mundo.

O erro de Cristo, aos olhos do Inquisidor, é ainda mais indesculpável por "não lhe terem faltado avisos". Por ocasião das "tentações no deserto", o diabo, esse "profundo espírito da autodestruição e do nada", revelou ao redentor e pôs à sua disposição os três instrumentos suscetíveis de assegurar a estabilidade, o bem-estar e a felicidade da humanidade. Esses três instrumentos são "o mistério, o milagre e a autoridade". O Cristo desprezou-os, mas o Inquisidor e seus companheiros retomaram-nos e trabalharam, sempre em nome de Cristo, mas em espírito contrário ao seu, para o advento de um reino terrestre mais adequado às limitações da natureza humana.

Concordando com Dostoiévski, Simone Weil via na inquisição o arquétipo de todas as soluções totalitárias. O final da Idade Média é um momento essencial da história cristã. O herdeiro, chegando à idade adulta, reclama sua herança; seus tutores não erram ao desconfiar dele, porém ao querer prolongar indefinidamente sua tutela.

A Lenda retoma o problema do mal no mesmo ponto em que o deixaram *Os Possessos*. O subterrâneo surgia, nesse romance, como o fracasso e a inversão do cristianismo. A sabedoria do redentor e, sobretudo, seu poder redentor não seriam um engano? Em vez de esconder sua própria angústia, Dostoiévski exprime-a e dá-lhe uma amplitude extraordinária. Não é jamais fugindo que o escritor combate o niilismo.

O cristianismo decepcionou Dostoiévski. O próprio Cristo, é um fato, não respondeu à sua expectativa. Há, em primeiro lugar, a miséria que ele não aboliu, há também o sofrimento e o pão cotidiano que não deu a todos os homens. Ele não "transformou a vida". Esta é a primeira acusação; a segunda é ainda mais grave. O cristianismo não traz em si a certeza: por que Deus não envia uma prova de sua existência, um *sinal*, àqueles que gostariam de crer mas não conseguem? E, enfim, e, sobretudo, há o orgulho que nenhum esforço, nenhuma prosternação pode diminuir, esse orgulho que chegaria, às vezes, ao ponto de invejar o próprio Cristo...

Ao definir suas próprias reprovações ao cristianismo, Dostoiévski reencontra o Evangelho, reencontra as três "tentações no deserto":

> Então Jesus foi conduzido pelo Espírito ao deserto, para ser tentado pelo demônio. E, tendo jejuado quarenta dias e quarenta noites, depois teve fome. Aproximando-se o tentador, disse-lhe: "Se és filho de Deus, dize que estas pedras se convertam em pão". Ele, porém, respondendo-lhe, disse: "Não só de pão vive o homem, mas de toda a palavra que sai da boca de Deus".
>
> Então o demônio transportou-o à cidade santa, pô-lo sobre o pináculo do templo e disse-lhe: "Se és filho de Deus, lança-te daqui abaixo. Porque está escrito: Porque mandou seus anjos em teu favor, que te guardem em todos os teus caminhos. Eles te levarão nas suas mãos, para que o teu pé não tropece em alguma pedra". Jesus disse-lhe: "Também está escrito: Não tentarás o Senhor teu Deus".
>
> De novo o demônio transportou-o a um monte muito alto, e mostrou-lhe todos os reinos do mundo e sua magnificência, e disse-lhe: "Tudo isto te darei, se, prostrado, me adorares". Então Jesus

disse-lhe: "Vai-te, Satanás, porque está escrito: "Adorarás o Senhor teu Deus e a ele só servirás".

São justamente as tentações maiores de Dostoiévski, o messianismo social, a fé e o orgulho. O último, sobretudo, merece reflexão. Tudo que deseja o orgulhoso reduz-se, em última instância, a prosternar-se perante o *Outro*, Satã. Os únicos momentos da vida em que Fiódor Mikháilovitch não sucumbiu a uma ou a outra dessas tentações são aqueles em que sucumbiu às três ao mesmo tempo. É, portanto, a ele, particularmente, que se dirige essa mensagem extraordinária: a Lenda é a prova de que por fim se ouviu seu apelo. A presença, no Evangelho, de um texto tão bem adaptado a suas necessidades causa-lhe um grande reconforto. Este é o sinal que buscava, e é precisamente o que afirma, de maneira brilhante e velada, pela boca de seu Inquisidor:

> O que poderia ser dito de mais penetrante do que aquilo que te foi dito nas três questões ou, para falar como as Escrituras, nas "tentações" que repeliste? Se algum dia na terra houve um milagre autêntico e retumbante, foi neste dia das três tentações. Constitui um milagre o simples fato de serem formuladas essas três questões. Suponhamos que tivessem desaparecido das Escrituras, que precisássemos reconstituí-las, imaginá-las novamente para reintroduzi-las, e que se reunisse para isso todos os sábios da terra, homens de Estado,

prelados, cientistas, filósofos, poetas, dizendo-lhes: imaginem, redijam três questões que não somente correspondam à importância do acontecimento, mas ainda exprimam em três frases toda a história da humanidade futura, crês que este areópago da sabedoria humana poderia imaginar algo tão forte e tão profundo quanto as três questões que então te propôs o poderoso Espírito? Essas três questões provam por si mesmas que são colocadas ao Espírito eterno e absoluto e não a um espírito humano transitório. Pois resumem e predizem ao mesmo tempo toda a história ulterior da humanidade: são as três formas em que se cristalizam todas as contradições insolúveis da natureza humana. Não era possível compreender então, mas agora, transcorridos quinze séculos, vemos que tudo estava previsto nessas três questões, realizando de tal forma que é impossível acrescentar-lhes ou retirar-lhes uma só palavra.

A Lenda é, no fundo, a repetição e amplificação da cena evangélica evocada pelo Grande Inquisidor. É isto que tem que ser compreendido quando se interroga um pouco ingenuamente sobre o silêncio que conserva Aliocha em face dos argumentos desse novo tentador. Não se trata de "refutar" a Lenda, pois, do ponto de vista cristão, é o diabo, é o Grande Inquisidor, é Ivã quem tem razão. O mundo foi entregue ao mal. Em São Lucas, o diabo afirma que todo poder terrestre lhe foi dado e "eu o dou a quem quiser". O Cristo não "refuta" essa afirmação. Jamais fala em seu próprio nome; entrincheira-se atrás das citações da Escritura. Como Aliocha, recusa a discussão.

O Grande Inquisidor crê fazer o panegírico de Satã, mas é do Evangelho que nos fala, é o Evangelho que conservou seu frescor depois de quinze, dezenove séculos de cristianismo. E não é apenas no caso das tentações, é do início ao fim que a Lenda faz eco às palavras evangélicas:

> Julgais que vim trazer paz à terra? Não, vos digo eu, mas separação; porque, de hoje em diante, haverá numa casa cinco pessoas, divididas três contra duas, e duas contra três. Estarão divididos: o pai contra o filho e o filho contra o pai, a mãe contra a filha e a filha contra a mãe.

A ideia central da Lenda, a do risco que traz aos homens o aumento de liberdade, ou de graça, conferido pelo Cristo, risco que o Grande Inquisidor recusa-se a correr, essa ideia também aparece nas passagens da Escritura que evocam irresistivelmente a ideia dostoievskiana do subsolo metafísico.

> Quando o espírito imundo sai de um homem, anda por lugares desertos, buscando repouso, e não o encontra. Então diz: "Voltarei para minha casa, donde saí." E, quando vem, encontra-a desocupada e adornada. Então vai, toma

consigo outros sete espíritos piores do que ele, e, entrando, habitam ali; e o último estado daquele homem torna-se pior que o primeiro. Assim também acontecerá a esta geração perversa.

Por trás do negro pessimismo do Grande Inquisidor desenha-se uma visão escatológica da história que responde à questão que *Os Possessos* tinha deixado em suspenso. Por ter previsto a rebelião do homem, Cristo previu os sofrimentos e divisões que causariam sua vinda. A segurança orgulhosa do orador permite-nos entrever um novo paradoxo, o da Providência divina que desfaz sem esforço os planos da revolta. A recrudescência de Satã não impede que seja vencido. Tudo, no fim das contas, deve convergir para o bem, mesmo a idolatria.

Se o mundo foge de Cristo em vez de segui-lo, este fará com que essa fuga sirva a seu desígnio redentor. Realizará na divisão e na contradição o que gostaria de realizar na união e na alegria. Querendo divinizar-se sem o Cristo, o homem coloca-se a si mesmo na cruz. É a liberdade de Cristo, desviada mas viva, que engendra o subterrâneo. Não há parcela da natureza humana que não esteja moída e triturada no conflito entre o Outro e o Eu. Em outras palavras, Satã, dividido contra si mesmo, expulsa Satã; os ídolos destroem os ídolos; o homem esgota, pouco a pouco, todas as ilusões, inclusive as noções inferiores de Deus, trazidas pelo ateísmo. O homem é carregado em um turbilhão cada vez maior, seu universo sempre mais frenético e mentiroso revela de forma evidente a ausência e a necessidade de Deus. A prodigiosa série de catástrofes históricas, a inverossímil catarata de impérios, de reinos, de sistemas sociais, filosóficos e políticos que denominamos civilização ocidental, esse círculo cada vez mais vasto e que esconde um abismo em cujo seio a história afunda-se com velocidade cada vez maior, tudo isto é a realização da redenção divina. Não aquela que o Cristo teria escolhido para o homem, se não tivesse respeitado sua liberdade, mas aquela que o próprio homem escolheu ao rejeitar o Cristo.

A arte dostoievskiana é literalmente profética. Não no sentido de predição do futuro mas em um sentido verdadeiramente bíblico, denunciando infatigavelmente a recaída do povo de Deus na idolatria. Revela o exílio, a dilaceração e os sofrimentos que resultam dessa idolatria. Em um mundo em que o amor de Cristo e o amor do próximo são uma só coisa, a verdadeira pedra de toque é nossa relação com o outro. É ao Outro que devemos amar *como* a nós mesmos, se não queremos idolatrá-lo e odiá-lo no fundo do subterrâneo. Não é o bezerro de ouro, é esse Outro que pode seduzir os homens em um mundo voltado para o Espírito, para o melhor e para o pior.

Entre as duas formas de idolatria, a do *Antigo Testamento* e a do *Novo*, há as mesmas diferenças e a mesma relação de analogia que se estabelece entre a rigidez da lei e a universal liberdade cristã. As palavras que descrevem a primeira idolatria também descrevem analogicamente a segunda: é exatamente por isso que a literatura profética do *Antigo Testamento* continua viva.

As palavras do Inquisidor apresentam o cristianismo negativamente e de igual modo são apresentadas as palavras de Satã na passagem das citações. Tal forma não tem nada a ver com o emplastro metafísico que certa devoção burguesa quer exibir aos nossos olhos. O Cristo, o primeiro, quis fazer do homem um super-homem, mas por meios opostos aos do pensamento prometeico. Todos os argumentos do Grande Inquisidor voltam-se, portanto, contra ele mesmo quando são compreendidos adequadamente. É isto que o puro Aliocha observa a seu irmão Ivã, o autor e narrador da Lenda. "Tudo o que dizes não é blasfêmia, mas o elogio de Cristo."

Cristo despojou-se voluntariamente de todo prestígio e de todo poder; recusa-se a exercer sobre o homem a menor pressão, pois quer ser amado por si mesmo. É, uma vez mais, o Inquisidor que fala: qual é o cristão que ousaria "refutar" tais afirmações? O Inquisidor vê tudo, sabe tudo, compreende tudo; entende até o apelo mudo do amor, mas é incapaz de responder a ele. Que fazer, neste caso, senão reafirmar a presença desse amor? Este é o sentido do beijo que Cristo dá, sem uma palavra, no infeliz ancião. Aliocha, também, abraça seu irmão ao final de seu relato e este acusa-o, rindo, de plágio.

A escolha diabólica do Inquisidor é um reflexo da escolha diabólica de Ivã Karamazov. Os quatro irmãos são cúmplices no assassinato do pai, porém o mais culpado de todos é Ivã, pois é dele que vem a verdadeira inspiração do gesto homicida. O bastardo Smerdiakóv é o duplo de Ivã; admira-o e odeia-o apaixonadamente. Matar o pai no lugar de Ivã é colocar em prática os propósitos audaciosos desse mestre da revolta, ir além de seus mais secretos desejos, superá-lo no caminho que ele mesmo traçara. Mas a esse duplo ainda humano substitui-se logo, ao lado de Ivã, um duplo diabólico.

A alucinação do duplo sintetiza, como vimos, toda uma série de fenômenos subjetivos e objetivos específicos da vida subterrânea. Essa alucinação, ao mesmo tempo verdadeira e falsa, só é percebida a partir do momento em que os fenômenos de duplicação alcançam certo nível de intensidade e de gravidade.

A alucinação do diabo explica-se, no plano fenomênico, por uma *nova agravação* das perturbações psicopatológicas engendradas pelo orgulho e encarna, no plano religioso, a superação metafísica da psicologia do subsolo. Quanto mais o indivíduo aproxima-se da loucura, mais aproxima-se igualmente da verdade e, se não cai naquela, é nesta, forçosamente, que vai chegar.

Qual é a concepção tradicional do diabo? Este personagem é o pai da mentira; é, portanto, ao mesmo tempo verdadeiro e falso, ilusório e real, fantástico e cotidiano. Fora de nós, quando o cremos em nós, está em nós, quando o cremos fora de nós. Ainda que leve uma existência inútil e parasitária, é moral e decididamente "maniqueísta". Oferece-nos a máscara caricatural daquilo que há de pior em nós. É ao mesmo tempo o sedutor e o adversário; não cessa de contrariar os desejos que suscita e se, por acaso, os satisfaz, é ainda para decepcionar-nos.

Inútil sublinhar as relações entre esse diabo e o duplo dostoievskiano. A individualidade do diabo, como a do duplo, não é um ponto de partida, mas de chegada. Assim como o duplo é o lugar e a origem de todas as duplicações, o diabo é o lugar e a origem de todas as possessões e das outras manifestações demoníacas. A fenomenologia mais rigorosa acaba na demonologia. E isto não deve espantar; estamos sempre, com efeito, no "reino de Satã" que não pode sustentar-se, pois "está *dividido* contra si mesmo".

Entre o duplo e o diabo o que se estabelece não é uma relação de identidade, mas de analogia. Passa-se do primeiro para o segundo como se passa do retrato à caricatura; o desenhista salienta os traços característicos e suprime os outros; o diabo, parodista por excelência, é ele mesmo fruto de uma paródia. O artista imita-se a si mesmo;

simplifica, esquematiza e reforça sua própria essência, a fim de tornar sempre mais evidentes as significações de que sua obra está impregnada.

Não há portanto solução de continuidade, não há *salto* metafísico entre o duplo e o diabo; passa-se insensivelmente de um para outro, assim como se passa insensivelmente das duplicações românticas à personificação do duplo. O processo é essencialmente *estético*. Há em Dostoiévski, como na maioria dos grandes artistas, o que poderíamos denominar um "formalismo operacional" do qual não devemos deduzir, aliás, uma teoria formalista da arte. Talvez a distinção, sempre dialética, entre figura e fundo, não seja verdadeiramente legítima senão do ponto de vista do processo criativo. É justo definir o artista pela busca da forma, pois é por intermédio desta que se realiza a penetração da realidade, o conhecimento do mundo e de si mesmo. A forma, aqui, precede literalmente o sentido, e é por isto que ela é dada como forma "pura".

Portanto, em Dostoiévski o diabo é invocado por uma tendência irresistível de abstrair a estrutura de algumas obsessões fundamentais que constituem a matéria prima da obra. A ideia do diabo não introduz nenhum elemento novo, mas organiza os antigos de forma mais coerente, mais significante; revela-se a única coisa capaz de unificar todos os fenômenos observados. Não há irrupção gratuita do sobrenatural no universo natural. O diabo não é apresentado como a *causa* dos fenômenos; repete todas as ideias de Ivã, que reconhece nele uma "projeção" de seu cérebro doentio, mas que acaba, como Lutero, lançando-lhe um tinteiro na cabeça.

O diabo de Ivã é tanto mais interessante quanto mais escrupuloso é o realismo de seu criador. Jamais, antes de *Os Irmãos Karamazov*, o tema do diabo tinha contaminado o do duplo; mesmo na época "romântica", não encontramos em Dostoiévski essas aproximações puramente literárias e decorativas a que se entregam com tanto gosto os escritores alemães. O escritor, pelo contrário, já tinha pensado em dar um duplo satânico ao personagem Stavróguin, mas esse duplo já é o de Ivã; é, com efeito, a partir de *Os Possessos* que a psicologia subterrânea aparece por inteiro a Dostoiévski como uma imagem invertida da estrutura cristã, como seu *duplo*, precisamente. Se Dostoiévski renuncia temporariamente a sua ideia, não é porque o romancista ainda acreditasse em um fanatismo reprimido a que daria livre curso em *Os Irmãos Karamazov*, mas porque temia a incompreensão do público: a exigência interior não estava ainda suficientemente madura para sobrepujar esse obstáculo.

Com *Os Irmãos Karamazov*, o processo está maduro. O diabo é totalmente objetivado, expulso, exorcizado; deve portanto figurar na obra explicitamente como diabo. O mal puro é revelado e manifesta seu nada, não provoca mais medo, separado do ser que assombra, parece mesmo irrisório e ridículo: não passa de um pesadelo.

Essa impotência do diabo não é uma ideia solta no ar, porém uma verdade inscrita em todas as páginas da obra. Se o Inquisidor não é capaz de enunciar senão o bem, é porque vai mais longe, no mal, que todos seus predecessores. Quase não há mais diferença entre a *sua* realidade e a dos eleitos. É, sem dúvida, com conhecimento de causa que escolhe o mal. Quase tudo que diz é exato, mas suas conclusões são radicalmente falsas. As últimas palavras que pronuncia são a inversão pura e simples das palavras que terminam, com o *Apocalipse*, todo o *Novo Testamento;* ao *Marana Tha* dos primeiros cristãos – "Vem, Senhor!" – o Inquisidor opõe um diabólico "Não volte, não volte jamais, jamais!"

Esse mal, que é ao mesmo tempo o mais forte e o mais fraco, é o mal conhecido em sua raiz, ou seja, o mal revelado como *escolha* pura. O extremo ponto da lucidez diabólica é também o ponto extremo da cegueira. O Dostoiévski de *Os Irmãos Karamazov* é tão ambíguo quanto o Dostoiévski romântico, mas os termos da ambiguidade não são os mesmos. Em *Humilhados e Ofendidos*, a retórica do altruísmo, da nobreza e da devoção recobria o orgulho, o masoquismo e o ódio. Em *Os Irmãos Karamazov*, é o orgulho que passa ao primeiro plano. Mas os discursos loucos desse orgulho deixam entrever um bem que não tem aliás nada em comum com a retórica romântica.

Dostoiévski deixa que o mal fale para levá-lo a refutar-se a si mesmo e a condenar-se. O Inquisidor revela seu desprezo pelos homens e sua fome de dominação, que o leva a prosternar-se diante de Satã. Mas essa autorrefutação, essa autodestruição do mal não deve estar totalmente explícita, sem o que perderia todo valor estético e espiritual, perderia, em outros termos, seu valor de *tentação*. Esta arte de que a Lenda é o modelo poderia ser definida, com efeito, como a arte da tentação. Todos os personagens do romance, ou quase todos, são tentadores de Aliocha; seu pai, seus irmãos e também Grúchenka, a sedutora, que dá dinheiro ao mau monge Rakitin para que leve Aliocha até ela; o próprio *staretz*[1] Zossima torna-se, com sua morte, objeto de uma nova tentação: a rápida corrupção de seu corpo choca a fé ingênua da comunidade monástica.

Contudo, o mais terrível tentador é certamente Ivã ao apresentar o sofrimento das crianças inocentes como um motivo de revolta metafísica. Aliocha é abalado, mas o tentador, uma vez mais, é impotente: na verdade trabalha, sem o saber, para o triunfo do bem, pois é ele que, para realizar seus propósitos, incita seu irmão a ocupar-se do infeliz menino Aliocha e de seus companheiros. Os motivos que afastam o revoltado de Cristo levam ao mesmo Cristo aqueles que estão abertos ao seu amor. Aliocha bem sabe que é do próprio Cristo que lhe vem a dor que experimenta ao pensar no sofrimento das crianças.

Entre as tentações de Cristo e as tentações de Aliocha, há uma analogia que é sublinhada pelo paralelismo dos dois beijos dos dois tentadores. A Lenda apresenta-se como uma série de círculos concêntricos em torno do arquétipo evangélico: círculo da Lenda, círculo de Aliocha, e, enfim, círculo do próprio leitor. A arte do romancista tentador consiste em revelar, por trás de todas as situações humanas, a escolha que comportam. O romancista não é o diabo, mas seu advogado, *advocatus diaboli:* prega o que é falso para nos levar à verdade. A tarefa do leitor consiste em conhecer, com Aliocha, que tudo o que acaba de ser lido "não é blasfêmia, mas o elogio de Cristo".

---

[1] Na Igreja Ortodoxa Russa, o *staretz* desempenha o papel de um pai espiritual, cuja sabedoria, de origem divina, ajuda a guiar sua comunidade. (N. T.)

Os amigos eslavófilos e reacionários de Dostoiévski não reconheceram nada disto. Ao que parece, ninguém estava pronto para uma arte tão simples e tão grande. Esperava-se do romancista cristão fórmulas tranquilizadoras, com distinções bem definidas entre os bons e os maus, esperava-se arte "religiosa" no sentido ideológico do termo. A arte do último Dostoiévski é terrivelmente ambígua do ponto de vista das oposições estéreis, de que o mundo está cheio, porque é terrivelmente clara do ponto de vista espiritual. Constantin Pobedonostzev,[2] Procurador do Santo Sínodo, foi o primeiro a exigir essa "refutação" cuja ausência continua a incomodar ou a agradar a tantos críticos contemporâneos. Não devemos nos espantar se o próprio Dostoiévski ratifica, de certa forma, essa leitura superficial de sua obra ao prometer a refutação solicitada. Não é o autor, mas o leitor quem define a significação objetiva da obra. Se o leitor não compreende que a mais forte negação afirma, como o criador poderia ter certeza de que essa afirmação está realmente presente em sua obra? Se o leitor não compreende que a revolta e a adoração acabam convergindo, como o criador poderia ter certeza de que essa convergência é efetivamente realizada? Como poderia analisar a arte que está a ponto de viver? Como adivinharia que não é ele, mas o leitor quem está enganado? Ele sabe em que espírito escreveu sua obra, mas seus resultados escapam-lhe. E se alguém disser que o efeito buscado não é visível, é preciso aceitá-lo. É justamente

---

[2] Constantin Pobedonostzev (1827-1907), Procurador do Santo Sínodo, foi tutor do czar Nicolau e exerceu grande influência na vida política e religiosa russa. Opositor ferrenho dos ideais liberais, manteve com Dostoiévski relações amigáveis. (N. T.)

por isso que Dostoiévski promete, sem aliás jamais fazê-lo – por razões óbvias –, refutar o irrefutável.

As páginas consagradas à morte do *staretz* Zossima são belas, mas não têm a força genial das invectivas de Ivã. Os críticos que procuram inclinar Dostoiévski na direção do ateísmo insistem que a expressão positiva do bem sempre exige muito esforço A observação é justa, mas as conclusões, não. Os que pedem a Dostoiévski uma arte "positiva" veem nessa arte a única expressão adequada da fé cristã. Contudo, trata-se de uma ideia muito primária, seja da arte, seja do cristianismo. A arte da extrema negação, pelo contrário, é a única arte cristã que se adapta ao nosso tempo, a única digna dele. Ora, não adianta fazer sermões, pois nossa época não consegue suportá-los; ela deixa de lado a metafísica tradicional, à qual ninguém mais pode aceder; não se apoia, também, sobre mensagens tranquilizadoras, mas sobre a consciência da idolatria universal.

A afirmação direta é ineficaz na arte contemporânea, pois ela recorda, forçosamente, a insuportável tagarelice acerca dos valores cristãos. A Lenda do Grande Inquisidor não cai nem no niilismo torpe nem na insipidez nauseante dos valores. Tal arte surge por inteiro da experiência miserável e esplêndida do escritor, buscando a afirmação para além das negações. Dostoiévski não pretende escapar do subterrâneo; pelo contrário, penetra nele tão profundamente que é da outra extremidade que lhe vem a luz. *Não é como um menino que creio em Cristo e o confesso. Foi através do crisol da dúvida que meu hosana se fez.*

Essa arte que traz à luz do dia as divisões e as duplicações do orgulho idólatra é também, ela mesma, desdobrada. Dizer que ela revela o bem e o mal como escolha pura, é dizer que nela não subsiste nenhum maniqueísmo. Sentimos que a qualquer momento Ivã pode se salvar e Aliocha se perder. A pureza sempre ameaçada deste não tem nada a ver com a perfeição imóvel de um Míshkin. Não há mais bons ou maus *em si*. Não há mais que uma única realidade humana. Esta é a forma suprema daquilo que denominamos de arte "por reunião". O mal e o bem são como as vozes alternadas de um mesmo coro. Por mais selvagem que seja esse combate, nada pode destruir a harmonia do conjunto. As grandes cenas do romance são como fragmentos de uma verdadeira epopeia cristã.

As obras da vida do subsolo acontecem frequentemente, como vimos, numa atmosfera com neblina, ou com neve misturada à chuva. Essa atmosfera equívoca e indistinta de meia-estação, essa atmosfera dupla é substituída, em numerosas cenas de *Os Irmãos Karamazov* e, em particular, nos episódios da infância, pelo vento, pelo sol, pelo frio glacial e pela neve esplandecente dos dias tipicamente invernais. A luz pura restitui clareza e identidade aos objetos; o gelo encolhe e contrai todas as coisas. Esse tempo tônico e alegre é o tempo da unidade enfim conquistada e adquirida.

É a riqueza e a diversidade da obra que fazem particularmente notável essa unidade. Para avaliá-la basta pensar que as diversas ciências humanas que estudam o romance são incapazes de conciliar suas descobertas. Os sociólogos verão, por exemplo, na idolatria subterrânea, uma forma de fetichismo que impregna as estruturas sociais superadas pela evolução histórica. Procurarão explicar todos os elementos romanescos pelo fato de que os Karamazov pertencem a uma sociedade feudal em plena decomposição. Os psicanalistas, por sua vez, remontarão essa mesma idolatria ao conflito "edípico". Sociólogos e psicanalistas não estão errados, mas estreitam brutalmente o círculo de suas descrições. Conhecem apenas um pequeno setor arbitrariamente recortado do real e querem sempre determinar as causas no mesmo nível dos fenômenos observados.

Dostoiévski mostra que, na sociedade apodrecida dos Karamazov, não se trata os servos como crianças, mas se trata sempre as crianças como servos. Mostra como o indivíduo, traumatizado em sua primeira infância, impregna de irracionalidade as mais diversas situações, transformando cada uma delas em uma repetição do traumatismo inicial. Mostra, enfim, a imbricação perpétua do comportamento individual e das estruturas coletivas. O romancista é um excelente sociólogo e um excelente psicanalista. Mas esses dois talentos, nele, não são contraditórios. A dinâmica dos fenômenos jamais é interrompida por uma causa ou por um sistema de causas. O Deus de Aliocha não é uma causa; ele está aberto ao mundo e ao Outro. E é porque o romancista jamais fecha o círculo da observação dos fenômenos que sua força de evocação é tão prodigiosa.

No fundo de todas as coisas, está sempre ou o orgulho humano ou Deus, quer dizer as duas formas da liberdade. É o orgulho que mantém profundamente enterradas as lembranças inoportunas; é o orgulho que nos separa de nós mesmos e do outro; as nevroses individuais e as estruturas sociais opressivas são essencialmente orgulho endurecido, petrificado. Tomar consciência do orgulho e de sua dialética é renunciar aos recortes da realidade, é superar a divisão dos conhecimentos particulares para a unidade de uma visão religiosa, a única universal.

Mas, para dominar essa dialética, é preciso algo mais que inteligência, é preciso uma vitória sobre o próprio orgulho. Jamais a inteligência orgulhosa compreenderá as palavras de Cristo: *Quem não colhe comigo dispersa.* O orgulho sempre tende para a dispersão e a divisão final, ou seja, para a morte; porém, aceitar essa morte é renascer para a unidade. A obra que reúne em vez de dispersar, a obra verdadeiramente una, terá ela mesma, portanto, a forma da morte e da ressurreição, ou seja, a forma da vitória sobre o orgulho.

O duplo expulso, a unidade encontrada, é o anjo e a besta românticos que se desvanecem para dar lugar ao homem em sua integridade. A razão reta e o realismo verdadeiro triunfam sobre as quimeras do subterrâneo. Aceitando ver-se primeiro como pecador, o escritor não se desfez do concreto, não se abismou na deleitação amorosa: abriu-se a uma experiência espiritual de que sua obra é tanto a recompensa quanto o testemunho.

A experiência não difere, em sua essência, da que teve Santo Agostinho ou Dante; por isso a estrutura de *Os Irmãos Karamazov* é semelhante à das *Confissões* e da *Divina Comédia*. É a estrutura da encarnação, a estrutura fundamental da arte ocidental, da experiência ocidental. Está presente todas as vezes que o artista consegue dar a sua obra a *forma* da metamorfose espiritual que lhe deu origem. Não se confunde com a narrativa dessa metamorfose, ainda que possa coincidir com ela; nem sempre termina na conversão religiosa que seu pleno desenvolvimento exigiria... Se lançarmos um último olhar sobre a obra de Dostoiévski à luz de *Os Irmãos Karamazov*, constataremos que essa forma, perfeita no último romance, não surge com ele, mas foi objeto de lenta maturação.

Aparece pela primeira vez na conclusão de *Crime e Castigo*; está de novo ausente em *O Idiota*, obra que é essencialmente um fruto do angelismo romântico; afirma-se novamente em *Os Possessos*, com a morte de Stiepan Trofímovitch, isto é, uma cura espiritual. Em *O Adolescente*, o herói, Arcádi, vai pouco a pouco tomando consciência do inferno em que está mergulhado, e assim escapa dele. O subterrâneo não aparece mais como uma condição quase irrevogável, mas como uma passagem. O ódio que inspira distancia-se junto com ele, pois esse ódio também é subterrâneo. No entanto, a forma da encarnação não consegue se expandir nesse romance como o faz, enfim, em *Os Irmãos Karamazov*, onde não está mais limitada a um único personagem, confundindo-se com a própria obra.

Essa forma tem, portanto, uma história e essa história coincide com as etapas de uma cura espiritual. Só pode nascer quando o romancista começa a emergir do subterrâneo: e só pode atingir um desenvolvimento pleno na plena liberdade. Todo o período "romântico" apresenta-se, então, retrospectivamente, como uma descida aos infernos. O Dostoiévski de *Humilhados e Ofendidos* levanta a questão que Aliocha coloca sobre seu irmão Ivã: "Ou ele ressuscitará na luz da verdade, ou sucumbirá no ódio". Isso significa que, não apenas as obras particulares, à luz de *Os Irmãos Karamazov*, mas o conjunto da obra e a própria existência do romancista tomam a forma de uma morte e de uma ressurreição. E o último romance retoma tudo, resume tudo, conclui tudo, encarnando a plenitude da ressurreição. Se as exortações espirituais do *staretz* Zossima transmitem a experiência religiosa de Dostoiévski, transmitem igualmente sua estética, sua visão da história e o significado profundo de sua vida.

> O que lhe parece mau em você mesmo é purificado pelo simples fato de você notá-lo... No momento em que vê com assombro que, apesar de seus esforços, não apenas não se aproximou do objetivo, mas distanciou-se dele, nesse momento, é o que prevejo, atingirá o objetivo e verá acima de si a força misteriosa do Senhor que, sem o seu conhecimento, lhe terá conduzido com amor.

Завтра, чѣмъ прихворать еще недѣлю? Ш—ку Го-
зуйову-бы совсѣмъ не слѣдовало. Вчера сидѣлъ
надъ передѣлкой 5-й главы до второго часу ночи,
(а послѣ обѣда ничего не заперъ, недавъ безпокою)
это меня доканало. Заснулъ я тутъ четвер-
томъ часу ночи. Сегодня кое-то вялъ, да и
міръ у меня совсѣмъ не имѣющійся, такъ
что я уже лучше посижу дома. Обѣдать
буду опять одинъ супъ дома, какъ вчера. — Не
сердись мой прелесть, что пишу тебѣ финалъ
Глупостишъ; я самъ скучаю теперь сегодня.
А ты ради Бога не безпокойся. Мнѣ главное-бы
сегодня заснуть. Чувствую что сонъ подкрѣпитъ
меня, а ты завтра зайди ко мнѣ поутру
какъ обѣщалъ. До свиданія милый другъ, обни-
маю и поздравляю тебя.

Тебя бесконечно любящій
и въ тебя бесконечно вѣрующій
твой весь
Ѳ. Достоевскій

Ты моя будущее всё — и надежда
и вѣра и счастье и блаженство —
всё. —

9 декабря
66

análise grafológica documento: uma carta de 9 de dezembro de 1866.

Só possuímos um documento para julgar a personalidade psicológica de Dostoiévski. Mas esse documento é tão expressivo, tão rico de significações, que certamente cobre a gama inteira de seus sentimentos e toda sua paisagem interior, em sua maturidade. Dostoiévski aparece como um apaixonado, com momentos de intenso nervosismo e cólera.

Chama a atenção uma característica essencial encontrada tanto no plano das linhas quanto no das letras.

No que concerne à organização geral, há contraste entre certa arritmia, confusão, brusquidão nas palavras, e a clareza que reina entre as palavras e nas entrelinhas.

Essa clareza significa a segurança do juízo, a lucidez e a lógica intelectuais, apesar da intensidade e mesmo do caráter nevropático das emoções.

Com efeito, o traço é ora nítido, ora borrado, com pontos negros, com frequência estremecido, às vezes imperceptivelmente, às vezes mais visivelmente, mas nada entrava sua progressão, que segue laboriosa, mas firmemente para a direita. Há um controle regular da linha.

Nota-se de vez em quando uma interrupção súbita no meio de uma palavra – sintoma de angústia –, mas a ligação não deixa de existir, subjacente ou caracterizada, e isto revela a lógica implacável e sobretudo a força de *coesão* das ideias, das imagens. Tal é, sem nenhuma dúvida, a natureza fundamental do escritor.

A intensidade das emoções é imensa, a afetividade cheia de impulsos e de quedas, de saltos de humor e de humor irascível, de angústia e de sofrimento, de receptividade também e, sobretudo, de abertura à inspiração que vem do alto, a inspiração intelectual e espiritual.

O pensamento é lento, atento, observador em sua aplicação. Retorna constantemente sobre si mesmo, detendo-se nas imagens, nas ideias e só avançado ao preço desses constantes retornos, mas com ardor e febrilmente.

As desigualdades indicam a perspicácia do sentido psicológico e a faculdade de se identificar com o outro, bem como a necessidade de se exprimir, a *si*, por inteiro, tal como percebe a si mesmo, e de se justificar. O escritor é absorvido por si mesmo (indício de temperamento epileptoide). E há muitas coisas a dizer!

A preocupação consigo mesmo quase mórbida explica-se. A escrita o indica: fisiologicamente, nervos à flor da pele, hipersensibilidade e vulnerabilidade, nervos frágeis também, constantemente irritados, sensualidade obsedante, pânicos repentinos, problemas psíquicos, antinomias a suplantar, luta entre diversas camadas da personalidade, amor-próprio excessivo, exacerbado, dificuldade de adaptação ao real, apesar do sentido do real, e sentimento constante de *culpabilidade* alimentando a angústia e a tensão.

O caráter é ciclotímico, ou seja apresenta alternâncias cíclicas de exaltação, euforia, confiança em si, ambição, e depois de dúvida, melancolia, hipocondria, masoquismo. Mistura de fraqueza e força, de agressividade e doçura, de controle e instabilidade psíquica.

Mas, em face de tudo isso, dessa imaginação exaltada e atormentada, com ideias e visões fantásticas (ver as hastes dos *d*), dessa emotividade vulnerável e estraçalhada que poderia levá-lo à beira do completo desequilíbrio, há um sinal muito pessoal na escrita, um traço que é constante: são os finais (fim das palavras) todos dirigidos para cima como labaredas e que significam o *ideal* – aspiração espiritualista ou mística, sentido de equidade às vezes agressivo, em todo caso idealismo permanente, sejam quais forem os impulsos instintivos, olhar essencialmente voltado para o alto, necessidade de aperfeiçoamento, de realização profunda, autêntica, e de superação – necessidade de equilíbrio efetivo, guiada pela finalidade interior para o Espírito.

Devemos acrescentar uma intelectualidade muito diversificada, com intensidade em cada um de seus modos, e sem dúvida a nota moral que faz vibrar como um harmônico todo esforço intelectual acentuado, a necessidade de calor humano, sobretudo na vida cotidiana, a sensorialidade levada até o irracional, com reversibilidade negativa e positiva, o que inclui a sensibilidade artística à beleza.

Para o grafólogo, apesar das incidências mórbidas, patológicas, trata-se da escrita de um ser bem dotado e superior.

Paris, 10 de fevereiro de 1963
J. Monnot

opiniões

Sempre me surpreendeu sua excessiva modéstia; já se disse que ignorava o próprio valor. É o que explicaria, de resto, sua extrema suscetibilidade ou, mais exatamente, essa contínua expectativa da ofensa. Frequentemente, via uma injúria onde, quem tivesse verdadeiramente uma alta opinião sobre si, não notaria nada parecido... Às vezes, era como se uma gota de bile se formasse em seu peito e explodisse subitamente, e ele tivesse que se libertar dessa bile, contra sua própria vontade. Quanto a mim, sabia sempre, por uma certa contração de seus lábios, por uma expressão falseada dos seus olhos, que estava a ponto de dizer uma maldade. Às vezes, conseguia dominar-se, dominar sua bile, mas então se tornava sombrio, silencioso e mal-humorado.

E. A. Shtakenschneider (citado por Henri Troyat, *Dostoïevski*, p. 537-38).

Não posso considerar Dostoiévski um homem bom, nem um homem feliz (o que, na realidade, é a mesma coisa). Era malvado, invejoso, vicioso, e passou toda sua vida em emoções e irritações que o teriam tornado deplorável e mesmo ridículo, se não tivesse sido tão perverso e tão inteligente... Os personagens que mais se assemelham a ele são o herói de *Memórias do Subsolo*, Svidrigailov de *Crime e Castigo* e Stavróguin de *Os Possessos*.

Strakhov (carta a Tolstoi, loc. cit., p. 608).

Ontem, Dostoiévski esteve aqui. É um homem ingênuo, não muito claro, mas extremamente gentil. Crê com entusiasmo no povo russo. Um genial pequeno mujique.

Herzen (carta a Ogarev).

Há na literatura francesa uma figura que se assemelha muito a ele, a saber, o famosíssimo Marquês de Sade... E se pensamos que todos os bispos russos celebraram missas por nosso Sade, e até pronunciaram homilias sobre o amor universal deste amigo do gênero humano... onde vamos parar?

Turguiêniev (carta a Saltikov, loc. cit., p. 609).

É provável que os trabalhos forçados foram para Dostoiévski o golpe favorável do destino que possibilita a vida interior. É curioso como desde este momento sua correspondência assemelha-se à de Balzac, pedidos de dinheiro, promessas de pagamento em cêntuplo fundadas em esperanças de glória. "*O Idiota* será um belo livro", como *O Lírio do Vale*, pois ele sente um novo homem despertar em si. Como disse Gide, há trechos intelectuais interpostos na narrativa, como por exemplo, em *O Idiota*, as longas reflexões sobre a pena de morte.

Todos os romances de Dostoiévski poderiam denominar-se *Crime e Castigo* (como todos os de Flaubert, e *Madame Bovary* sobretudo, *A Educação Sentimental*). Mas é provável que ele divida em duas pessoas o que foi na verdade uma só. Há certamente um crime em sua vida e um castigo (que talvez não tenha relação com esse crime), mas preferiu dividi-lo, pôr as impressões de castigo sobre si mesmo (*Casa dos Mortos*) e o crime sobre os outros.

Marcel Proust, *Contre Sainte-Beuve*, p. 422-23.

Parece que é uma crise, quase um acesso de epilepsia, que o precipita ao coração mesmo do mundo que descreve. Penetra de um só golpe nas penumbras viscerais do universo interior. E seus olhos habituam-se rapidamente à noite. Vê, compreende. E, assim como uma vida inteira pode desfilar em alguns segundos de sonho, assim é toda uma aventura espiritual, com suas buscas, seus fracassos, suas esperanças, que se apresenta em um lampejo a ele. Mas, quando volta à superfície, com seu tesouro de ideias, quando tenta ordenar, segundo as regras da arte, uma história que viveu fora do tempo, fora do espaço, fora dos princípios de causalidade e de não contradição, os tormentos do artista começam. Trata-se de tornar inteligível um drama da vida profunda a leitores que não possuem o pensamento profundo. Trata-se de fazer a consciência comum admitir o inconsciente, de tornar consciente o inconsciente. Trata-se de fazer as pessoas interessarem-se pelo que verdadeiramente elas são.

Henri Troyat, *Dostoïevski*, p. 567-68.

Em uma importante narrativa, *Memórias do Subsolo*, ele foi (...) um dos primeiros a descrever, em um modo decadente, a solidão humana (...). Mas o individualismo permanece nele uma comunicação mútua, com valor social, entre homens concretos, em uma sociedade concreta. Ele assim nos apresenta a imagem de um beco sem saída desolador, sem sombra de idealização. E é por isso que, enquanto a vanguarda recorre sempre, nesse terreno, a uma dose mais ou menos forte de mistificação, aqui as bases e as consequências sociais dessa posição não são absolutamente dissimuladas. O que, sobretudo, faz com que os heróis de Dostoiévski sofram é a desumanidade própria do capitalismo nascente, e, mais diretamente, a que marca todas as relações inter-humanas. Forçado a viver em um mundo contra o qual se revolta, com todas as fibras de seu ser, recusa com a mesma paixão a perspectiva de uma solução socialista (palácio de cristal, formigueiro, etc.). O protesto contra o capitalismo desumano transforma-se então em uma crítica do socialismo e da democracia, fundada em sofismas assimilativos e em um anticapitalismo de tipo romântico.

Georges Lukács, *La Signification Présente du Réalisme Critique*, p. 119.

É pelo ângulo do irreal, patológico, mórbido, que Dostoiévski escruta o real, o que lhe custa caro, ameaçando seu próprio equilíbrio. Situação crítica à beira de um abismo, mas extremamente proveitosa: "Foi o único que me ensinou alguma coisa sobre psicologia", disse Nietzsche. Freud nota que um psiquiatra pode aprender muito em sua escola. Precursor genial das descobertas modernas, estuda em *O Duplo* a unidade da pessoa e seus possíveis deslocamentos. O "eu" não tem plural, é somente com um "tu" que engendra um "nós". Ora, no fenômeno mórbido do desdobramento surge uma multidão de aspectos do mesmo, do eu, que executam um bailado autônomo. De fato, o desdobramento da pessoa é muito mais a patologia do "nós", o fracasso da comunhão, que do "eu" cuja integridade aliás não resiste jamais à solidão, desagregando-se imediatamente. Ele se vê encerrado como em uma caixa feita de espelhos que lhe retornam infinitamente sua única imagem multiplicada. É a flagrante ausência do "outro", de um face a face, que permite a um misterioso duplo introduzir-se por efração na existência de Goliádkin, herói de *O Duplo*. Ele o expulsa de seu *lugar ontológico;* ora, "cada um deve ter seu próprio lugar", seu fundamento existencial ou *phenomena bene fundata*, para ser real. O impostor multiplica-se, uma multidão de sósias brota do ser real de Goliádkin, nutre-se dele e o reduz ao estado de fantasma.

Paul Evdokimov, *Gogol et Dostoïevski,* p. 193.

(...) Um achado fortuito em uma livraria: *Memórias do Subterrâneo,* de Dostoiévski (...). Foi uma coincidência semelhante à que, aos meus vinte e um anos, aconteceu-me com Schopenhauer, aos meus trinta e cinco com Stendhal. A voz do sangue (como chamá-lo de outra maneira?) fez-se ouvir subitamente, e minha alegria foi extrema.

Nietzsche (carta a Overbeck).

Pensamos logo em outro profeta, no *outro* profeta de nosso tempo: Nietzsche. O confronto é inevitável. Tudo nos leva a isto e, acima de tudo, a formidável disputa que se dá atualmente na consciência humana sob seus signos conjuntos e contrastantes. No drama a que assistimos, no qual somos todos atores, está em jogo a vitória de um ou do outro, e seu desfecho decidirá qual deles foi, no sentido pleno da palavra, profeta.

Henri de Lubac, *Le Drame de l'Humanisme Athée*, p. 290.

biografia cronológica de Dostoiévski

1789   nascimento de Mikhail Andriéievitch Dostoiévski, pai do escritor.
1819   casamento com Mária Fiódorovna Nietcháiev.
1821   *30 de outubro* – nascimento de Fiódor Mikháilovitch Dostoiévski.
1837   *fevereiro* – a mãe de Dostoiévski morre de tuberculose.
maio – Dostoiévski e seu irmão Mikhail conhecem Chidlóvski; entram no internato Kostomarov, preparatório para a Escola de Engenheiros Militares.
1838   *janeiro* – entrada de Dostoiévski na Escola de Engenheiros Militares.
junho – assassinato do pai de Dostoiévski.
1841   Dostoiévski escreve duas peças, *Boris Godunóv* e *Maria Stuart*.
1843   *outono* – saída da Escola de Engenheiros; é transferido e subordinado ao Comando de Engenharia de São Petersburgo.
1844   *setembro* – é reformado.
1846   Dostoiévski frequenta Bielínski e seus amigos; publica *Gente Pobre, O Duplo, Senhor Prokhártchin, A Senhoria*; primeiras crises de epilepsia (?).
1847   *abril* – ruptura com Bielínski; Dostoiévski frequenta o círculo Pietrachévski.
1848   *Um Coração Fraco, Noites Brancas*.
1849   Dostoiévski frequenta Nikolai Spiéshniev; publicação de *Niétotchka Niezvánova*.

15 de abril – lê, no círculo Pietrachévski, a carta de Bielínski a Gógol.
23 de abril – detenção de Dostoiévski e encarceramento na fortaleza Pedro e Paulo.
30 de setembro -16 de novembro – processo de Dostoiévski.
22 de dezembro – simulacro de execução.
24 de dezembro – à meia-noite, partida para a Sibéria.

1850 *23 de janeiro* – chegada à casa de trabalhos forçados de Omsk.

1854 *fevereiro* – saída da prisão; Dostoiévski é alistado como soldado em um batalhão de linha siberiano em Semipalátinsk. Conhece o casal Issáiev.
novembro – chegada a Semipalátinsk do conde Wrangel.

1855 os Issáiev transferem-se de Semipalátinsk para Kuznetzk.
outubro – morte de Issáiev.

1856 correspondência com Wrangel a respeito de Mária Dmítrievna.

1857 *6 de fevereiro* – casamento com Mária Dmítrievna Issáiev.
17 de abril – Dostoiévski recupera seus direitos nobiliários.
outubro – Dostoiévski publica *O Pequeno Herói*, sob anonimato.

1859 *2 de julho* – partida de Semipalátinsk.
dezembro – o casal Dostoiévski chega a São Petersburgo. Dostoiévski e seu irmão recebem autorização para publicar uma revista mensal, *O Tempo*.

1861 Dostoiévski publica *Humilhados e Ofendidos*.
março – conhece Paulina Súslova.

1862 *Recordações da Casa dos Mortos*.
Verão – viagem pela Europa.

1863 *Notas de Inverno sobre Impressões de Verão*.
maio – interdição de *O Tempo* depois de um mal-entendido causado pela estupidez da censura. Ligação com Paulina Súslova.
outubro – Dostoiévski parte para Paris; encontra Paulina em Paris no dia 14.

setembro-outubro – viagem com ela pela Itália.
1864 Dostoiévski e seu irmão publicam uma nova revista, *A Época*.
15 de abril – morte de Mária Dmítrievna; publicação de *Memórias do Subsolo*.
10 de julho – morte de Mikhail Dostoiévski, irmão do escritor.
1865 Falência de *A Época*.
verão – viagem pela Alemanha.
1866 *de 4 a 29 de outubro* – Dostoiévski dita *O Jogador* a uma estenógrafa, Ana Snítkina, a quem pede em casamento a 8 de novembro.
dezembro – *Crime e Castigo* começa a aparecer em *O Mensageiro Russo*.
1867 *15 de fevereiro* – casamento com Ana Snítkina.
14 de abril – partida do casal para a Alemanha.
1868 *O Idiota* é publicado em *O Mensageiro Russo*.
primavera – nascimento e morte de uma filha, Sônia.
Os Dostoiévski passam o inverno em Florença.
1869 *setembro* – nascimento em Dresden de uma filha, Liúbov.
1870 publicação de *O Eterno Marido*.
1871 *julho* – o casal Dostoiévski volta à Rússia.
16 de julho – nascimento de um filho, Fiódor.
Os Possessos é publicado em *O Mensageiro Russo*.
1872 *dezembro* – torna-se redator-chefe de *O Cidadão*, jornal eslavófilo.
1874 *janeiro* – deixa *O Cidadão*.
março – Dostoiévski é preso por quarenta e oito horas por causa de problemas com a censura.
1875 Dostoiévski publica *O Adolescente*.
10 de outubro – nascimento do segundo filho, Aleksiéi.
1876 Dostoiévski publica seu *Diário de um Escritor* sob a forma de um periódico independente.

novembro – a pedido de Pobiedonostzev, envia os números do *Diário de um Escritor* ao czarévitch Nicolau II, então com 8 anos.
1877 *Sonho de um Homem Ridículo*.
1878 *janeiro* – conhece a família do czar.
16 de maio – morte de seu filho Aleksiéi.
junho – vai, com Vladímir Solovióv, ao monastério de Óptina.
1879-1880 publica *Os Irmãos Karamazov*.
1880 *25 de maio* – banquete literário, em Moscou, em honra de Dostoiévski.
8 de junho – discurso em honra de Púshkin.
1881 *28 de janeiro* – morte de Dostoiévski.

bibliografia analítica

Obras de Dostoiévski
A grande edição russa das obras literárias de Dostoiévski é a de Leonid Grossmann (10 volumes, 1958-1960). Não há, em francês, edição verdadeiramente completa.
Les Œuvres Littéraires, editadas por A. V. Solovióv e G. Haldas (Lauzanne, Éditions Rencontre), 16 volumes.
Œuvres (coleção Pléiade, Gallimard), 5 volumes. Os *cadernos* dos grandes romances figuram nessa edição, aliás incompleta. É lamentável, particularmente, a omissão de *O Duplo*, muito difícil de encontrar em tradução francesa.
Journal d'un Écrivain, trad. de J. de Chuzeville (Gallimard).

Correspondência
Na Rússia, Arcádi Dolinin está com a edição da correspondência completa no prelo. Na França, já apareceram 4 volumes da *Correspondance de Dostoïevski* (Calmann-Lévy, 1949-1961), nas traduções de Dominique Arban e Nina Gourfinkel.

Estudos escolhidos sobre Dostoiévski
Dmítri Chizhevski, "O Tema do Duplo em Dostoiévski", em *O Dostoïevskom*.

Sbornik Statei, editado por A. L. Bem. Tradução inglesa de René Wellek em *Dostoïevski, a Collection of Critical Essays* (Prentice-Hall, 1962). Um excelente ensaio que procura seguir o tema através de toda a obra do romancista, extraindo seu significado filosófico.

Sigmund Freud, "Dostojewski und die Vatertötung", prefácio de Fülop-Miller e Eckstein, *Die Urgestalt der Brüder Karamazoff* (1928). Tradução inglesa em Freud, *Collected Papers* (Nova York, Basic Books, Inc.), vol. 5. Neste ensaio sem dúvida sistemático mas capital, Freud relaciona as crises epileptiformes do romancista, sua paixão pelo jogo, suas ideias políticas, suas teorias morais, etc., ao conflito edípico e ao trauma causado pelo assassinato do pai.

André Gide, *Dostoïevski* (1923). Gide fala de maneira notável da psicologia dostoievskiana, porém lê a obra de Dostoiévski no sentido de sua própria teoria da liberdade e do ato gratuito. Trata-se de um livro importante pela influência que exerceu e que ainda exerce sobre o público francês, por intermédio dos escritores que a leram, Malraux, Sartre, Camus, etc. O Dostoiévski "francês" é ainda, essencialmente, o de Gide.

Henri Troyat, *Dostoïevski* (A. Fayard, 1940) A grande biografia francesa, orgânica, sugestiva, cuidadosamente documentada.

Nicolas Berdiaev, *L'Esprit de Dostoïevski* (Prague, 1923). Desenvolve a teoria da liberdade esboçada em *Os Irmãos Karamazov*, mas Dostoiévski às vezes é apenas ponto de partida para uma reflexão independente.

Dominique Arban, *Dostoïevski par Lui-Même* (Seuil, 1962). [Há tradução brasileira: *Dostoievski*, trad. de Waltensir Dutra, Rio de Janeiro, José Olympio, 1989.]

Esta pequena obra cheia de novas ideias e de achados insiste sobre o papel que Max Stirner teria desempenhado sobre o pensamento prometeico do romancista.

Jacques Madaule, *Le Christianisme de Dostoïevski* (Bloud & Gray, 1930).
Excelente estudo sobre a significação religiosa das grandes obras romanescas.

Nina Gourfinkel, *Dostoïevski notre Contemporain* (Calmann-Lévy, 1962).
Uma boa introdução que insiste nos aspectos políticos e sociais da obra romanesca.

Paul Evdokimov, *Dostoïevski et le Problème du Mal* (Éditions du Livre français, 1942); *Gogol et Dostoïevski* (Desclée de Brouwer, 1961).
Dostoiévski visto, em profundidade, por um teólogo ortodoxo.

Constantin Motchoulski, *Dostoïevski* (Payot, 1962).
Importante monografia que estabelece um paralelo entre a vida e a obra do romancista.

Romano Guardini, *Univers Religieux de Dostoïevski* (Seuil, 1963).

breve explicação

Arnaldo Momigliano inspira nossa tarefa, já que a alquimia dos antiquários jamais se realizou: nenhum catálogo esgota a pluralidade do mundo e muito menos a dificuldade de uma questão complexa como a teoria mimética.

O cartógrafo borgeano conheceu constrangimento semelhante, como Jorge Luis Borges revelou no poema "La Luna". Como se sabe, o cartógrafo não pretendia muito, seu projeto era modesto: "cifrar el universo / En un libro". Ao terminá-lo, levantou os olhos "con ímpetu infinito", provavelmente surpreso com o poder de palavras e compassos. No entanto, logo percebeu que redigir catálogos, como produzir livros, é uma tarefa infinita:

> Gracias iba a rendir a la fortuna
> Cuando al alzar los ojos vio un bruñido
> Disco en el aire y comprendió aturdido
> Que se había olvidado de la luna.

Nem antiquários, tampouco cartógrafos: portanto, estamos livres para apresentar ao público brasileiro uma cronologia que não se pretende exaustiva da vida e da obra de René Girard.

Com o mesmo propósito, compilamos uma bibliografia sintética do pensador francês, privilegiando os livros publicados. Por isso, não mencionamos a grande quantidade de ensaios e capítulos de livros que escreveu, assim como de entrevistas que concedeu. Para o leitor interessado numa relação completa de sua vasta produção, recomendamos o banco de dados organizado pela Universidade de Innsbruck: http://www.uibk.ac.at/rgkw/mimdok/suche/index.html.en.

De igual forma, selecionamos livros e ensaios dedicados, direta ou indiretamente, à obra de René Girard, incluindo os títulos que sairão na Biblioteca René Girard. Nosso objetivo é estimular o convívio reflexivo com a teoria mimética. Ao mesmo tempo, desejamos propor uma coleção cujo aparato crítico estimule novas pesquisas.

Em outras palavras, o projeto da Biblioteca René Girard é também um convite para que o leitor venha a escrever seus próprios livros acerca da teoria mimética.

cronologia de René Girard

René Girard nasce em Avignon (França) no dia 25 de dezembro de 1923; o segundo de cinco filhos. Seu pai trabalha como curador do Museu da Cidade e do famoso "Castelo dos Papas". Girard estuda no liceu local e recebe seu *baccalauréat* em 1940. De 1943 a 1947 estuda na École des Chartes, em Paris, especializando-se em história medieval e paleografia. Defende a tese *La Vie Privée à Avignon dans la Seconde Moitié du XVme Siècle*.

Em 1947 René Girard deixa a França e começa um doutorado em História na Universidade de Indiana, Bloomington, ensinando Literatura Francesa na mesma universidade. Conclui o doutorado em 1950 com a tese *American Opinion on France, 1940-1943*.

No dia 18 de junho de 1951, Girard casa-se com Martha McCullough. O casal tem três filhos: Martin, Daniel e Mary.

Em 1954 começa a ensinar na Universidade Duke e, até 1957, no Bryn Mawr College.

Em 1957 torna-se professor assistente de Francês na Universidade Johns Hopkins, em Baltimore.

Em 1961 publica seu primeiro livro, *Mensonge Romantique et Vérité Romanesque*, expondo os princípios da teoria do desejo mimético.

Em 1962 torna-se professor associado na Universidade Johns Hopkins.

Organiza em 1962 *Proust: A Collection of Critical Essays*, e, em 1963, publica *Dostoïevski, du Double à l'Unité*.

Em outubro de 1966, em colaboração com Richard Macksey e Eugenio Donato, organiza o colóquio internacional "The Languages of Criticism and the Sciences of Man". Nesse colóquio participam Lucien Goldmann, Roland Barthes, Jacques Derrida, Jacques Lacan, entre outros. Esse encontro é visto como a introdução do estruturalismo nos Estados Unidos. Nesse período, Girard desenvolve a noção do assassinato fundador.

Em 1968 tranfere-se para a Universidade do Estado de Nova York, em Buffalo, e ocupa a direção do Departamento de Inglês. Principia sua colaboração e amizade com Michel Serres. Começa a interessar-se mais seriamente pela obra de Shakespeare.

Em 1972 publica *La Violence et le Sacré*, apresentando o mecanismo do bode expiatório. No ano seguinte, a revista *Esprit* dedica um número especial à obra de René Girard.

Em 1975 retorna à Universidade Johns Hopkins.

Em 1978, com a colaboração de Jean-Michel Oughourlian e Guy Lefort, dois psiquiatras franceses, publica seu terceiro livro, *Des Choses Cachées depuis la Fondation du Monde*. Trata-se de um longo e sistemático diálogo sobre a teoria mimética compreendida em sua totalidade.

Em 1980, na Universidade Stanford, recebe a "Cátedra Andrew B. Hammond" em Língua, Literatura e Civilização Francesa. Com a colaboração de Jean-Pierre Dupuy, cria e dirige o "Program for Interdisciplinary Research", responsável pela realização de importantes colóquios internacionais.

Em 1982 publica *Le Bouc Émissaire* e, em 1985, *La Route Antique des Hommes Pervers*. Nesses livros, Girard principia a desenvolver uma abordagem hermenêutica para uma leitura dos textos bíblicos com base na teoria mimética.

Em junho de 1983, no Centre Culturel International de Cerisy-la-Salle, Jean-Pierre Dupuy e Paul Dumouchel organizam o colóquio "Violence et Vérité. Autour de René Girard". Os "Colóquios de Cerisy" representam uma referência fundamental na recente história intelectual francesa.

Em 1985 recebe, da Frije Universiteit de Amsterdã, o primeiro de muitos doutorados *honoris causa*. Nos anos seguintes, recebe a mesma distinção da Universidade de Innsbruck, Áustria (1988); da Universidade de Antuérpia, Bélgica (1995); da Universidade de Pádua, Itália (2001); da Universidade de Montreal, Canadá (2004); da University College London, Inglaterra (2006); da Universidade de St Andrews, Escócia (2008).

Em 1990 é criado o Colloquium on Violence and Religion (COV&R). Trata-se de uma associação internacional de pesquisadores dedicada ao desenvolvimento e à crítica da teoria mimética, especialmente no tocante às relações entre violência e religião nos primórdios da cultura. O Colloquium on Violence and Religion organiza colóquios anuais e publica a revista *Contagion*. Girard é o presidente honorário da instituição. Consulte-se a página: http://www.uibk.ac.at/theol/cover/.

Em 1990 visita o Brasil pela primeira vez: encontro com representantes da Teologia da Libertação, realizado em Piracicaba, São Paulo.

Em 1991 Girard publica seu primeiro livro escrito em inglês: *A Theatre of Envy: William Shakespeare* (Oxford University Press). O livro recebe o "Prix Médicis", na França.

Em 1995 aposenta-se na Universidade Stanford.

Em 1999 publica *Je Vois Satan Tomber comme l'Éclair*. Desenvolve a leitura antropológica dos textos bíblicos com os próximos dois livros: *Celui par qui le Scandale Arrive* (2001) e *Le Sacrifice* (2003).

Em 2000 visita o Brasil pela segunda vez: lançamento de *Um Longo Argumento do Princípio ao Fim. Diálogos com João Cezar de Castro Rocha e Pierpaolo Antonello*.

Em 2004 recebe o "Prix Aujourd'hui" pelo livro *Les Origines de la Culture. Entretiens avec Pierpaolo Antonello et João Cezar de Castro Rocha*.

Em 17 de março de 2005 René Girard é eleito para a Académie Française. O "Discurso de Recepção" foi feito por Michel Serres em 15 de dezembro. No mesmo ano, cria-se em Paris a Association pour les Recherches Mimétiques (ARM).

Em 2006 René Girard e Gianni Vattimo dialogam sobre cristianismo e modernidade: *Verità o Fede Debole? Dialogo su Cristianesimo e Relativismo*.

Em 2007 publica *Achever Clausewitz*, um diálogo com Benoît Chantre. Nessa ocasião, desenvolve uma abordagem apocalíptica da história.

Em outubro de 2007, em Paris, é criada a "Imitatio. Integrating the Human Sciences", (http://www.imitatio.org/), com apoio da Thiel Foundation. Seu objetivo é ampliar e promover as consequências da teoria girardiana sobre o comportamento humano e a cultura. Além disso, pretende apoiar o estudo interdisciplinar da teoria mimética. O primeiro encontro da Imitatio realiza-se em Stanford, em abril de 2008.

Em 2008 René Girard recebe a mais importante distinção da Modern Language Association (MLA): "Lifetime Achievement Award".

bibliografia de René Girard

Mensonge Romantique et Vérité Romanesque. Paris: Grasset, 1961. [*Mentira Romântica e Verdade Romanesca.* Trad. Lília Ledon da Silva. São Paulo: Editora É, 2009.]
Proust: A Collection of Critical Essays. Englewood Cliffs: Prentice Hall, 1962.
Dostoïevski, du Double à l'Unité. Paris: Plon, 1963. (Este livro será publicado na Biblioteca René Girard)
La Violence et le Sacré. Paris: Grasset, 1972.
Critique dans un Souterrain. Lausanne: L'Age d'Homme, 1976.
To Double Business Bound: Essays on Literature, Mimesis, and Anthropology. Baltimore: Johns Hopkins University Press, 1978. (Este livro será publicado na Biblioteca René Girard)
Des Choses Cachées depuis la Fondation du Monde. Pesquisas com Jean-Michel Oughourlian e Guy Lefort. Paris: Grasset, 1978.
Le Bouc Émissaire. Paris: Grasset, 1982.
La Route Antique des Hommes Pervers. Paris: Grasset, 1985.
Violent Origins: Walter Burkert, René Girard, and Jonathan Z. Smith on Ritual Killing and Cultural Formation. Org. Robert Hamerton-Kelly. Stanford: Stanford University Press, 1988. (Este livro será publicado na Biblioteca René Girard)

A Theatre of Envy: William Shakespeare.
Nova York: Oxford University Press, 1991.
[*Shakespeare: Teatro da Inveja.* Trad. Pedro Sette-Câmara. São Paulo: Editora É, 2010.]
Quand ces Choses Commenceront... Entretiens avec Michel Treguer. Paris: Arléa, 1994. (Este livro será publicado na Biblioteca René Girard)
The Girard Reader. Org. James G. Williams. Nova York: Crossroad, 1996.
Je Vois Satan Tomber comme l'Éclair. Paris: Grasset, 1999.
Um Longo Argumento do Princípio ao Fim. Diálogos com João Cezar de Castro Rocha e Pierpaolo Antonello. Rio de Janeiro: Topbooks, 2000. Este livro, escrito em inglês, foi publicado, com algumas modificações, em italiano, espanhol, polonês, japonês, coreano, tcheco e francês. Na França, em 2004, recebeu o "Prix Aujourd'hui".
Celui par Qui le Scandale Arrive: Entretiens avec Maria Stella Barberi. Paris: Desclée de Brouwer, 2001. (Este livro será publicado na Biblioteca René Girard)
La Voix Méconnue du Réel: Une Théorie des Mythes Archaïques et Modernes. Paris: Grasset, 2002. (Este livro será publicado na Biblioteca René Girard)
Il Caso Nietzsche. La Ribellione Fallita dell'Anticristo. Com colaboração e edição de Giuseppe Fornari. Gênova: Marietti, 2002.
Le Sacrifice. Paris: Bibliothèque Nationale de France, 2003. (Este livro será publicado na Biblioteca René Girard)
Oedipus Unbound: Selected Writings on Rivalry and Desire. Org. Mark R. Anspach. Stanford: Stanford University Press, 2004.
Miti d'Origine. Massa: Transeuropa Edizioni, 2005. (Este livro será publicado na Biblioteca René Girard)
Verità o Fede Debole. Dialogo su Cristianesimo e Relativismo. Com Gianni Vattimo. Org. Pierpaolo Antonello. Massa: Transeuropa Edizioni, 2006.

Achever Clausewitz (Entretiens avec Benoît Chantre). Paris: Carnets Nord, 2007. (Este livro será publicado na Biblioteca René Girard)

Le Tragique et la Pitié: Discours de Réception de René Girard à l'Académie Française et Réponse de Michel Serres. Paris: Editions le Pommier, 2007. (Este livro será publicado na Biblioteca René Girard)

De la Violence à la Divinité. Paris: Grasset, 2007. Reunião dos principais livros de Girard publicados pela Editora Grasset, acompanhada de uma nova introdução para todos os títulos. O volume inclui *Mensonge Romantique et Vérité Romanesque, La Violence et le Sacré, Des Choses Cachées depuis la Fondation du Monde* e *Le Bouc Émissaire*.

Dieu, une Invention?. Com André Gounelle e Alain Houziaux. Paris: Editions de l'Atelier, 2007. (Este livro será publicado na Biblioteca René Girard)

Evolution and Conversion. Dialogues on the Origins of Culture. Com Pierpaolo Antonello e João Cezar de Castro Rocha. Londres: The Continuum, 2008. (Este livro será publicado na Biblioteca René Girard)

Anorexie et Désir Mimétique. Paris: L'Herne, 2008. (Este livro será publicado na Biblioteca René Girard)

Mimesis and Theory: Essays on Literature and Criticism, 1953-2005. Org. Robert Doran. Stanford: Stanford University Press, 2008.

La Conversion de l'Art. Paris: Carnets Nord, 2008. Este livro é acompanhado por um DVD, *Le Sens de l'Histoire*, que reproduz um diálogo com Benoît Chantre. (Este livro será publicado na Biblioteca René Girard)

Gewalt und Religion: Gespräche mit Wolfgang Palaver. Berlim: Matthes & Seitz Verlag, 2010.

Géométries du Désir. Prefácio de Mark Anspach. Paris: Ed. de L'Herne, 2011.

bibliografia selecionada sobre René Girard[1]

BANDERA, Cesáreo. *Mimesis Conflictiva: Ficción Literaria y Violencia en Cervantes y Calderón.* (Biblioteca Románica Hispánica – Estudios y Ensayos 221). Prefácio de René Girard. Madri: Editorial Gredos, 1975.

SCHWAGER, Raymund. *Brauchen Wir einen Sündenbock? Gewalt und Erläsung in den Biblischen Schriften.* Munique: Kasel, 1978.

DUPUY, Jean-Pierre e DUMOUCHEL, Paul. *L'Enfer des Choses: René Girard et la Logique de l'Économie.* Posfácio de René Girard. Paris: Le Seuil, 1979.

CHIRPAZ, François. *Enjeux de la Violence: Essais sur René Girard.* Paris: Cerf, 1980.

GANS, Eric. *The Origin of Language: A Formal Theory of Representation.* Berkeley: University of California Press, 1981.

AGLIETTA, M. e ORLÉAN, A. *La Violence de la Monnaie.* Paris: PUF, 1982.

---

[1] Agradecemos a colaboração de Pierpaolo Antonello, do St John's College (Universidade de Cambridge). Nesta bibliografia, adotamos a ordem cronológica em lugar da alfabética a fim de evidenciar a recepção crescente da obra girardiana nas últimas décadas.

OUGHOURLIAN, Jean-Michel. *Un Mime Nomme Desir: Hysterie, Transe, Possession, Adorcisme*. Paris: Éditions Grasset et Fasquelle, 1982. (Este livro será publicado na Biblioteca René Girard)
DUPUY, Jean-Pierre e DEGUY, Michel (orgs.). *René Girard et le Problème du Mal*. Paris: Grasset, 1982.
DUPUY, Jean-Pierre. *Ordres et Désordres*. Paris: Le Seuil, 1982.
FAGES, Jean-Baptiste. *Comprendre René Girard*. Toulouse: Privat, 1982.
MCKENNA, Andrew J. (org.). *René Girard and Biblical Studies (Semeia 33)*. Decatur, GA: Scholars Press, 1985.
CARRARA, Alberto. *Violenza, Sacro, Rivelazione Biblica: Il Pensiero di René Girard*. Milão: Vita e Pensiero, 1985.
DUMOUCHEL, Paul (org.). *Violence et Vérité – Actes du Colloque de Cerisy*. Paris: Grasset, 1985. Tradução para o inglês: *Violence and Truth: On the Work of René Girard*. Stanford: Stanford University Press, 1988.
ORSINI, Christine. *La Pensée de René Girard*. Paris: Retz, 1986.
To Honor René Girard. Presented on the Occasion of his Sixtieth Birthday by Colleagues, Students, Friends. Stanford French and Italian Studies 34. Saratoga, CA: Anma Libri, 1986.
LERMEN, Hans-Jürgen. *Raymund Schwagers Versuch einer Neuinterpretation der Erläsungstheologie im Anschluss an René Girard*. Mainz: Unveräffentlichte Diplomarbeit, 1987.
LASCARIS, André. *Advocaat van de Zondebok: Het Werk van René Girard en het Evangelie van Jezus*. Hilversum: Gooi & Sticht, 1987.
BEEK, Wouter van (org.). *Mimese en Geweld: Beschouwingen over het Werk van René Girard*. Kampen: Kok Agora, 1988.
HAMERTON-KELLY, Robert G. (org.). *Violent Origins: Walter Burkert, Rene Girard, and

Jonathan Z. Smith on Ritual Killing and Cultural Formation. Stanford: Stanford University Press, 1988. (Este livro será publicado na Biblioteca René Girard)

GANS, Eric. *Science and Faith: The Anthropology of Revelation.* Savage, MD: Rowman & Littlefield, 1990.

ASSMANN, Hugo (org.). *René Girard com Teólogos da Libertação: Um Diálogo sobre Ídolos e Sacrifícios.* Petrópolis: Vozes, 1991. Tradução para o alemão: *Gätzenbilder und Opfer: René Girard im Gespräch mit der Befreiungstheologie.* (Beiträge zur mimetischen Theorie 2). Thaur, Münster: Druck u. Verlagshaus Thaur, LIT-Verlag, 1996. Tradução para o espanhol: *Sobre Ídolos y Sacrifícios: René Girard con Teólogos de la Liberación.* (Colección Economía-Teología). San José, Costa Rica: Editorial Departamento Ecuménico de Investigaciones, 1991.

ALISON, James. *A Theology of the Holy Trinity in the Light of the Thought of René Girard.* Oxford: Blackfriars, 1991.

RÉGIS, J. P. (org.). *Table Ronde Autour de René Girard.* (Publications des Groupes de Recherches Anglo-américaines 8). Tours: Université François Rabelais de Tours, 1991.

WILLIAMS, James G. *The Bible, Violence, and the Sacred: Liberation from the Myth of Sanctionated Violence.* Prefácio de René Girard. San Francisco: Harper, 1991.

LUNDAGER JENSEN, Hans Jürgen. *René Girard.* (Profil-Serien 1). Frederiksberg: Forlaget Anis, 1991.

HAMERTON-KELLY, Robert G. *Sacred Violence: Paul's Hermeneutic of the Cross.* Minneapolis: Augsburg Fortress, 1992. (Este livro será publicado na Biblioteca René Girard)

MCKENNA, Andrew J. (org.). *Violence and Difference: Girard, Derrida, and Deconstruction.* Chicago: University of Illinois Press, 1992.

LIVINGSTON, Paisley. *Models of Desire: René Girard and the Psychology of Mimesis*. Baltimore: The Johns Hopkins University Press, 1992.

LASCARIS, André e WEIGAND, Hans (orgs.). *Nabootsing: In Discussie over René Girard*. Kampen: Kok Agora, 1992.

GOLSAN, Richard J. *René Girard and Myth: An Introduction*. Nova York e Londres: Garland, 1993 (Nova York: Routledge, 2002). (Este livro será publicado na Biblioteca René Girard)

GANS, Eric. *Originary Thinking: Elements of Generative Anthropology*. Stanford: Stanford University Press, 1993.

HAMERTON-KELLY, Robert G. *The Gospel and the Sacred: Poetics of Violence in Mark*. Prefácio de René Girard. Minneapolis: Fortress Press, 1994.

BINABURO, J. A. Bakeaz (org.). *Pensando en la Violencia: Desde Walter Benjamin, Hannah Arendt, René Girard y Paul Ricoeur*. Centro de Documentación y Estudios para la Paz. Madri: Libros de la Catarata, 1994.

McCRACKEN, David. *The Scandal of the Gospels: Jesus, Story, and Offense*. Oxford: Oxford University Press, 1994.

WALLACE, Mark I. e SMITH, Theophus H. *Curing Violence: Essays on René Girard*. Sonoma, CA: Polebridge Press, 1994.

BANDERA, Cesáreo. *The Sacred Game: The Role of the Sacred in the Genesis of Modern Literary Fiction*. University Park: Pennsylvania State University Press, 1994. (Este livro será publicado na Biblioteca René Girard)

ALISON, James. *The Joy of Being Wrong: An Essay in the Theology of Original Sin in the Light of the Mimetic Theory of René Girard*. Santiago de Chile: Instituto Pedro de Córdoba, 1994. (Este livro será publicado na Biblioteca René Girard)

LAGARDE, François. *René Girard ou la Christianisation des Sciences Humaines.* Nova York: Peter Lang, 1994.

TEIXEIRA, Alfredo. *A Pedra Rejeitada: O Eterno Retorno da Violência e a Singularidade da Revelação Evangélica na Obra de René Girard.* Porto: Universidade Católica Portuguesa, 1995.

BAILIE, Gil. *Violence Unveiled: Humanity at the Crossroads.* Nova York: Crossroad, 1995.

TOMELLERI, Stefano. *René Girard. La Matrice Sociale della Violenza.* Milão: F. Angeli, 1996.

GOODHART, Sandor. *Sacrificing Commentary: Reading the End of Literature.* Baltimore: Johns Hopkins University Press, 1996.

PELCKMANS, Paul e VANHEESWIJCK, Guido. *René Girard, het Labyrint van het Verlangen: Zes Opstellen.* Kampen/Kapellen: Kok Agora/Pelcckmans, 1996.

GANS, Eric. *Signs of Paradox: Irony, Resentment, and Other Mimetic Structures.* Stanford: Stanford University Press, 1997.

SANTOS, Laura Ferreira dos. *Pensar o Desejo: Freud, Girard, Deleuze.* Braga: Universidade do Minho, 1997.

GROTE, Jim e McGEENEY, John R. *Clever as Serpents: Business Ethics and Office Politics.* Minnesota: Liturgical Press, 1997. (Este livro será publicado na Biblioteca René Girard)

FEDERSCHMIDT, Karl H.; ATKINS, Ulrike; TEMME, Klaus (orgs.). *Violence and Sacrifice: Cultural Anthropological and Theological Aspects Taken from Five Continents.* Intercultural Pastoral Care and Counseling 4. Düsseldorf: SIPCC, 1998.

SWARTLEY, William M. (org.). *Violence Renounced: René Girard, Biblical Studies and Peacemaking.* Telford: Pandora Press, 2000.

FLEMING, Chris. *René Girard: Violence and Mimesis.* Cambridge: Polity, 2000.

ALISON, James. *Faith Beyond Resentment: Fragments Catholic and Gay*. Londres: Darton, Longman & Todd, 2001. Tradução para o português: *Fé Além do Ressentimento: Fragmentos Católicos em Voz Gay*. São Paulo: Editora É, 2010.

ANSPACH, Mark Rogin. *A Charge de Revanche: Figures Élémentaires de la Réciprocité*. Paris: Editions du Seuil, 2002. (Este livro será publicado na Biblioteca René Girard)

GOLSAN, Richard J. *René Girard and Myth*. Nova York: Routledge, 2002. (Este livro será publicado na Biblioteca René Girard)

DUPUY, Jean-Pierre. *Pour un Catastrophisme Éclairé. Quand l'Impossible est Certain*. Paris: Editions du Seuil, 2002. (Este livro será publicado na Biblioteca René Girard)

JOHNSEN, William A. *Violence and Modernism: Ibsen, Joyce, and Woolf*. Gainesville, FL: University Press of Florida, 2003. (Este livro será publicado na Biblioteca René Girard)

KIRWAN, Michael. *Discovering Girard*. Londres: Darton, Longman & Todd, 2004. (Este livro será publicado na Biblioteca René Girard)

BANDERA, Cesáreo. *Monda y Desnuda: La Humilde Historia de Don Quijote. Reflexiones sobre el Origen de la Novela Moderna*. Madri: Iberoamericana, 2005. (Este livro será publicado na Biblioteca René Girard)

VINOLO, Stéphane. *René Girard: Du Mimétisme à l'Hominisation, la Violence Différante*. Paris: L'Harmattan, 2005. (Este livro será publicado na Biblioteca René Girard)

INCHAUSTI, Robert. *Subversive Orthodoxy: Outlaws, Revolutionaries, and Other Christians in Disguise*. Grand Rapids, MI: Brazos Press, 2005. (Este livro será publicado na Biblioteca René Girard)

FORNARI, Giuseppe. *Da Dioniso a Cristo. Conoscenza e Sacrificio nel Mondo Greco e nella Civiltà Occidentale.* Gênova-Milão: Marietti, 2006.

ANDRADE, Gabriel. *La Crítica Literaria de René Girard.* Mérida: Universidad del Zulia, 2007.

HAMERTON-KELLY, Robert G. (org.). *Politics & Apocalypse.* East Lansing, MI: Michigan State University Press, 2007. (Este livro será publicado na Biblioteca René Girard)

LANCE, Daniel. *Vous Avez Dit Elèves Difficiles? Education, Autorité et Dialogue.* Paris, L'Harmattan, 2007. (Este livro será publicado na Biblioteca René Girard)

VINOLO, Stéphane. *René Girard: Épistémologie du Sacré.* Paris: L'Harmattan, 2007. (Este livro será publicado na Biblioteca René Girard)

OUGHOURLIAN, Jean-Michel. *Genèse du Désir.* Paris: Carnets Nord, 2007. (Este livro será publicado na Biblioteca René Girard)

ALBERG, Jeremiah. *A Reinterpretation of Rousseau: A Religious System.* Nova York: Palgrave Macmillan, 2007. (Este livro será publicado na Biblioteca René Girard)

DUPUY, Jean-Pierre. *Dans l'Oeil du Cyclone – Colloque de Cerisy.* Paris: Carnets Nord, 2008. (Este livro será publicado na Biblioteca René Girard)

DUPUY, Jean-Pierre. *La Marque du Sacré.* Paris: Carnets Nord, 2008. (Este livro será publicado na Biblioteca René Girard)

ANSPACH, Mark Rogin (org.). *René Girard.* Les Cahiers de l'Herne n. 89. Paris: L'Herne, 2008. (Este livro será publicado na Biblioteca René Girard)

DEPOORTERE, Frederiek. *Christ in Postmodern Philosophy: Gianni Vattimo, Rene Girard, and Slavoj Zizek.* Londres: Continuum, 2008.

PALAVER, Wolfgang. *René Girards Mimetische Theorie. Im Kontext Kulturtheoretischer und Gesellschaftspolitischer Fragen.* 3. Auflage. Münster: LIT, 2008.

BARBERI, Maria Stella (org.). *Catastrofi Generative - Mito, Storia, Letteratura.* Massa: Transeuropa Edizioni, 2009. (Este livro será publicado na Biblioteca René Girard)

ANTONELLO, Pierpaolo e BUJATTI, Eleonora (orgs.). *La Violenza Allo Specchio. Passione e Sacrificio nel Cinema Contemporaneo.* Massa: Transeuropa Edizioni, 2009. (Este livro será publicado na Biblioteca René Girard)

RANIERI, John J. *Disturbing Revelation - Leo Strauss, Eric Voegelin, and the Bible.* Columbia, MO: University of Missouri Press, 2009. (Este livro será publicado na Biblioteca René Girard)

GOODHART, Sandor; JORGENSEN, J.; RYBA, T.; WILLIAMS, J. G. (orgs.). *For René Girard. Essays in Friendship and in Truth.* East Lansing, MI: Michigan State University Press, 2009.

ANSPACH, Mark Rogin. *Oedipe Mimétique.* Paris: Éditions de L'Herne, 2010. (Este livro será publicado na Biblioteca René Girard)

MENDOZA-ÁLVAREZ, Carlos. *El Dios Escondido de la Posmodernidad. Deseo, Memoria e Imaginación Escatológica. Ensayo de Teología Fundamental Posmoderna.* Guadalajara: ITESO, 2010. (Este livro será publicado na Biblioteca René Girard)

ANDRADE, Gabriel. *René Girard: Un Retrato Intelectual.* 2010. (Este livro será publicado na Biblioteca René Girard)

índice analítico

Antipsicologismo, 50
Apocalipse, 12, 15
Ato gratuito, 50
Autonomia
  ilusão de, 16
Caridade, 122
Cartesianismo, 89
Conversão, 15, 17-19, 22, 46, 142
  ética, 18
  religiosa, 19
Cristianismo, 101-02
  apologia do, 101
Cultura
  emergência da, 12
Darwinismo, 13
Desejo, 17
  triangularidade do, 27-28, 30, 36-37
Desejo mimético, 12, 14-17, 20
  consciência do, 18
Determinismo, 49
Dialética
  do orgulho e da humilhação, 63
  do senhor e do escravo, 42, 44, 49, 69, 72, 79, 87, 116

do subsolo, 72, 91, 95
Duplo, 18, 25-27, 35, 45, 52-53, 56, 63, 74, 85, 93, 95, 108-09, 131-32, 134, 154
  problema do, 55, 66
Duplo movimento, 54
Egoísmo, 44, 47-48, 64, 92
  do subsolo, 55
Epistemologia mimética, 14
Escalada para os extremos, 18
Evidência, 12, 20
  angústia da, 12-13
  circunstancial, 14
  direta, 13-14
Generosidade, 91-92
Gênio romanesco, 39-40, 50, 63, 75
Herói do subsolo, 46-47, 60, 65-66, 83, 95
Humildade, 73-74, 79, 102
Ideologia eslavófila, 99-100, 103, 115, 118, 137

Imaginação
  apocalíptica, 11-12
Imitação, 17, 41, 46, 51-52, 54, 82, 95, 102, 105-106
Individualismo, 50, 96
  literário, 56
  ocidental, 89, 91
  racionalista, 91
Interpretação, 17
Literatura
  centralidade da, 13
Masoquismo, 36-37, 40-42, 44, 48, 52, 57, 64, 74, 79, 84, 122, 135, 147
Mentira romântica, 16-18
Messianismo social, 103, 125
Mímesis, 51-52, 82
Modelo, 17, 109, 113-14
Neurônio-espelho, 13
Niilismo, 77-78, 80, 97, 100-01, 103, 123, 138
Obra
  romanesca, 49, 51, 58, 73, 80-81, 96-97

romântica, 51, 56-57
Obstáculo, 34, 37, 40,
    47, 54, 68, 79, 83
Ocidentalismo, 114-
    15, 118
Orgulho, 34, 42, 44-
    45, 47-48, 50-51,
    54-55, 57, 60-62,
    64, 68, 73, 79, 101,
    104, 106, 113, 119,
    125, 131, 135, 141
    do subsolo, 70-71
Pan-eslavismo, 118
Paradigma indiciário,
    14
Paródia, 95, 102
Parricídio, 107-109,
    113-14, 119
Pedagogia mimética,
    19
Redenção, 102
Ressentimento, 67
Retórica
    idealista, 45
    romântica, 32, 56
Revelação, 12
    do subsolo, 77
    evangélica, 51, 67
Revolução Russa, 29
Rival, 32, 34, 37, 41,
    43, 47, 54, 58, 68,
    78, 82, 90-91, 102,
    107, 109
Rivalidade, 18, 37,
    53, 113
    e paixão sexual, 40
Sacrifício, 17
Sadismo, 48, 52, 57,
    64, 76, 84
Satanás, 15
Subsolo
    essência do, 102
    vida do, 139
Suicídio filosófico, 101

Super-homem, 129
    dilema do, 73
Teoria mimética, 12,
    19-20
    e neurociência, 13
Triângulo amoroso,
    27-28, 30, 36, 43,
    83, 94, 110
Unidade
    da obra, 22, 35, 119,
    140
    perdida, 26, 57
    religiosa, 141
Vaidade, 43, 45
Verdade romanesca,
    17-18
Vingança, 58
Violência, 12, 17
Voyeurismo, 28, 36

índice onomástico

Alison, James, 19
Andrade, Oswald de, 14
Anspach, Mark, 19
Arban, Dominique, 32, 159-60
Baillet, Adrien, 87-88
Bakúnin, Mikhail, 82
Baudelaire, Charles, 85
Beckett, Samuel, 53
Bielínski, Vissarion, 24, 26, 60, 63-64, 77, 93, 103-09, 112, 118, 155-56
Cervantes, Miguel de, 75
Chantre, Benoît, 20, 183
Chateaubriand, François-René de, 101
Claudel, Paul, 85
Corneille, Pierre, 59, 91, 96
Costa Lima, Luiz, 16
Dante Alighieri, 142
Darwin, Charles, 13
Descartes, René, 87-91
Diderot, Denis, 92
Dobzhonsky, Theodosius, 13

Freud, Sigmund, 122, 153, 160
Gallese, Vittorio, 13
Gide, André, 50, 151, 160
Ginzburg, Carlo, 14
Gógol, Nikolai, 25, 60, 64, 95, 105, 156
Goldmann, Lucien, 91
Hocart, Arthur M., 14
Holbein, Hans, 74
Jean-Paul, 73
Kant, Immanuel, 89
Lamartine, Alphonse de, 96
Lance, Daniel, 12, 19
Lefort, Guy, 20
Lord Byron, 96
Napoleão Bonaparte, 66, 71, 86
Nekrasov, Nikolai A., 61
Nerval, Gérard de, 73
Nietzsche, Friedrich, 67, 87-90, 122, 153-54
Oughourlian, Jean-Michel, 20
Pietrachévski, Vasilyevich Mikhail, 81-82, 104-05, 155-56

Pobedonostzev, Constantin, 137
Poulet, Georges, 87-88
Rank, Otto, 53
Richardson, Samuel, 93
Rothschild, Mayer Amschel, 71
Rousseau, Jean-Jacques, 31, 59, 93-94
Santo Agostinho, 142
Sartre, Jean-Paul, 51, 110, 160
Schiller, Friedrich, 31, 59, 96
Shakespeare, William, 17-18
Spiéshniev, Nicolai, 81-82, 109, 155
Tinianov, Iuri, 15-16
Troyat, Henry, 62, 106, 149, 152, 160
Turguiêniev, Ivan, 61, 95, 103-04, 115, 150
Victor Hugo, 59
Vigny, Alfred de, 73
Weil, Simone, 123
Wrangel, Ferdinand von, 30-33, 45, 156

biblioteca René Girard*
coordenação João Cezar de Castro Rocha

Dostoiévski: do duplo
à unidade
René Girard

Anorexia e desejo
mimético
René Girard

A conversão da arte
René Girard

René Girard: um retrato
intelectual
Gabriel Andrade

Rematar Clausewitz:
além Da Guerra
René Girard e Benoît
Chantre

Evolução e Conversão
René Girard, Pierpaolo
Antonello e João Cezar
de Castro Rocha

O tempo das catástrofes
Jean-Pierre Dupuy

"Despojada e despida":
a humilde história de
Dom Quixote
Cesáreo Bandera

Descobrindo Girard
Michael Kirwan

Violência e modernismo:
Ibsen, Joyce e Woolf
William A. Johnsen

Quando começarem a
acontecer essas coisas
René Girard e Michel
Treguer

Espertos como serpentes
Jim Grote e John
McGeeney

O pecado original à luz
da ressurreição
James Alison

Violência sagrada
Robert Hamerton-Kelly

Aquele por quem o
escândalo vem
René Girard

O Deus escondido da
pós-modernidade
Carlos Mendoza-Álvarez

Deus: uma invenção?
René Girard, André
Gounelle e Alain Houziaux

Teoria mimética: a obra
de René Girard (6 aulas)
João Cezar de Castro
Rocha

René Girard: do
mimetismo à hominização
Stéphane Vinolo

O sacrifício
René Girard

O trágico e a piedade
René Girard e Michel
Serres

* A Biblioteca reunirá cerca de 60 livros e os títulos acima serão os primeiros publicados.

Dados Internacionais de Catalogação na Publicação (CIP)
(Câmara Brasileira do Livro, SP, Brasil)

Girard, René
　Dostoiévski: do duplo à unidade / René Girard; tradução Roberto Mallet. –
São Paulo: É Realizações, 2011.

　Título original: Dostoïevski: du double à l'unité.
　ISBN 978-85-8033-023-6

　1. Dostoievski, Fiodor Mikhailovitch, 1821-1881 - Crítica e interpretação
2. Literatura russa - História e crítica I. Título.

11-06878　　CDD-891.733

Índices para catálogo sistemático:
1. Dostoievski, Fiodor: Literatura russa: Crítica e interpretação　　891.733

Este livro foi impresso pela Prol Editora Gráfica para É Realizações, em agosto de 2011. Os tipos usados são da família Rotis Serif Std e Rotis Semi Sans Std. O papel do miolo é pólem bold 90g, e o da capa, cartão supremo 300g.